憲法を変えて「戦争のボタン」を押しますか？

「自民党憲法改正草案」の問題点

日本体育大学准教授・憲法学
清水雅彦
SHIMIZU Masahiko

高文研

はじめに

「取り戻す！」と、昨年（二〇一二年）一二月の総選挙で連呼した安倍晋三氏。安倍氏は、同年九月の自民党総裁選で総裁の座を取り戻しただけでなく、総選挙でも安倍総裁率いる自民党が政権の座を取り戻しました。そして、サンフランシスコ講和条約（日本国との平和条約）発効から六一年目の今年（二〇一三年）四月二八日、政府は主権を取り戻したとばかりに「主権回復・国際社会復帰を記念する式典」を開催しました。

第一次安倍政権の政権投げ出しの理由は、安倍首相の体調不良が一般的によく言われますが、アメリカにおける安倍首相の従軍慰安婦問題に対する歴史認識への批判や、アメリカ政府の対朝鮮政策の方針転換に対する安倍政権の動揺も指摘されています。ということは、第二次安倍政権も歴史認識や外交問題でアメリカとの関係がこじれ、自滅する可能性もあるわけです。当初、安倍首相は今年一月に訪米しようとしましたが、二月に延期となりましたし、五月の朴槿恵韓国大統領や六月の習近平中国国家主席の訪米時の対応と比べると、オバマ政権が安倍政権を大歓迎しているわけではないことがわかりますね。

また国内的にも、今年七月の参議院選挙が終わるまでは、経済政策を中心とした「安全運転」により政権を運営すると思われていました。もちろん、安倍首相がタカ派色を出せば、参議院選挙で勝てないからという見方もありましたが、今はとにかく物価を上げないと、自民党だけでなく財界も財務省も望む消費税率の引き上げができないからです。

しかし、景気の回復と安倍政権に対する支持率の高さから、最近は安倍首相もすっかり調子に乗って、対米関係も「安全運転」もどこ吹く風とばかりに、踏み込んだ発言が目に付くようになってきました。例えば、安倍首相は現行の日本国憲法（単に「憲法」と表記する場合もあり）第九六条の憲法改正規定が、各議院の総議員の三分の二以上の賛成で国会が発議すると規定する部分について、「国民投票をして言わば六割、七割の国民の皆さんが変えたいと思っていても、たった三分の一をちょっと超える国会議員が反対をしていれば、それは国民は一切、指一本触れることができないのはおかしい」と述べ（四月二二日参議院予算委員会）、憲法については、「憲法というのは、言わば権力者の手を縛るという、為政者に対して制限を加えるという側面もあるわけでございますが、実際は、自由民主主義、基本的な人権が定着している今日、王制時代とは違うわけでありますから、一つの国の理想や形を示すものでもあるわけでございます」と述べました（四月二三日参議院予算委員会）。

これは憲法研究者（私は「学者」という表現があまり好きではありませんので、ここでは「研究者」と表現しておきます）からすると、一国の首相・法学部出身者（安倍首相は成蹊大学法学部政治学科を卒業しています）としては驚くべきほど憲法、特に立憲主義（憲法によって国家権力を制限し、国民の人権を守るという考え）に対する無知をさらけ出す低レベルで、恥ずかしい発言です。このことについては本書の中で詳しく触れますが、こんな首相の下で憲法が改正されるのは国民にとっても大変不幸なことです。今後の政治情勢によっては、本当に憲法がどうなるかわからなくなってきました。

それは、自民党がアメリカによる「押しつけ憲法」から自分たちの憲法を取り戻せとばかりに、「憲法の自主的改正」を党の使命に掲げ、サンフランシスコ講和条約発効から六〇年目となる昨年（二〇一二年）の四月二七日に、「日本国憲法改正草案」（以下、「憲法改正草案」と表記）を発表しているからです。しかし、日本国憲法の草案をＧＨＱ（連合国最高司令官総司令部）が作成したのは、日本政府が受諾したポツダム宣言に反する憲法案を準備していたからです。また、ＧＨＱ案は政府も民選の国会も修正していますし、憲法制定当時の国民も「新憲法」を歓迎しており、「押しつけ論」は認識が間違っています。自民党は「自主」にこだわるようですが、自民党員は外国産の農産物や外国製の家電製品、車などを購入しないのでしょうか。今の日本で外国のものを一切排除したら、生活は成り立たないでしょう。外国人が関わったものでも、良いものは活用した方が良いわけで、文字も文化もこれまで日本は外国のものを取り入れて発展してきたはずです。

自民党は二〇〇五年にも「新憲法草案」を発表していますが、今回の憲法改正推進本部の最高顧問には麻生太郎・安倍晋三・森喜朗氏ら党内タカ派が名前を連ね、自民党自身「日本らしさを踏まえ、自らが作る日本国憲法」と言うように、より復古色が濃厚な改憲案となりました。復古的改憲論と言えば、日本が独立した一九五二年以降で、まだ自民党が保守合同によって誕生する前の自由党や改進党といった保守政党が主張しています。その内容は、憲法第九条改正による再軍備、天皇の元首化、人権の制限など、大日本帝国憲法（以下、「明治憲法」と表記）の思想にとても近いものでした。しかし、まだ当時は国民の中に戦争体験者が多く、国会内では護憲派の日本社会党が一定の勢力を保ち、国会外では総評による労働運動と一九六〇年の安保闘争で、タカ派の岸政権が退陣します。岸政権の後の池田政権は、所得倍増計画により政治的課題を脇に置いて経済政策を優先し、その後長らく保守政党の側も復古的な改憲論を主張できなかったのです。

二〇〇五年の新憲法草案の時も、当初は天皇元首化や家族規定、国民の国防規定など、復古色を出そうとしていたわけですが、とりまとめをした舛添要一氏ら党内リベラル派によって、そのような復古色を断念したと言われています。しかし、二〇一二年の憲法改正草案は、二〇〇九年の総選挙で民主党政権が誕生し、自民党が野党になったことによる気楽さと、民主党との差異化、保守層へのアピールから復古色が前面に出てきたと思われます（もっとも、後で触れるように、単に復古色だけの改憲論ではありませんが）。

といっても、この憲法改正草案を憲法研究者ではない人が読んだ場合、天皇元首規定のように簡単に問題点がわかる部分もあれば、公共の福祉規定のように何が問題かわかりづらい部分もあります。残念ながら、中学高校の社会科で憲法に当てる時間は十分なものとは言えませんし、中には憲法前文や第九条の丸暗記をして済ませる場合もあると聞きます。しかし、司法試験でも試験用六法を用いながら試験を受けられるように、私たち研究者に限らず、弁護士・検察官・裁判官といった法律家は憲法や法律の条文を丸暗記しているのではありませんし、丸暗記自体にそれほど意味はありません。単なる丸暗記は自分の頭で意味や論理をじっくりと考えないからです。大事なのは憲法や法律の文言の解釈であって、現実問題にどのように当てはめることができるのか、現実がどうなるかを考えることです。

では、今回の憲法改正草案にはどのようなことが書かれており、それをどのように解釈でき、実際にはどのような事態が予想され、どのような問題があるのでしょうか。本書では、大学の法学部で学んだことがない方や、憲法の「初心者」である方にも理解できるよう、なるべくやさしく説明していきたいと思います。

本書の構成は、自民党のホームページでも公開されている自民党の憲法改正草案と現行の日本国憲法の条文対照表（http://www.jimin.jp/policy/policy_topics/pdf/seisaku-109.pdf）を右頁に載せ、その左頁からは右頁掲載条文の考察となっています。考察部分は、上段が本論で、下段は本論中の用語・概念に対する注となっており、時に、より突っ込んだ論考にもなっています。このような構成ですから、どの規定からでも、ご関心のあるところから読んでいただければと思います。さあ一緒に、自民党の憲法改正草案の問題点を考えてみましょう。

※本書の右頁に掲載した自民党の「日本国憲法改正草案」と現行の「日本国憲法」は、自民党のホームページで公開されている条文対照表を元に作成しました。ただし、「改正草案」の「目次」「附則」と現行憲法の「第十一章　補則」は割愛しました。
※重要な改正箇所については、「改正草案」に準拠して、傍線を付し、ゴシック体としました。

（編集部）

＊——もくじ

装丁＝商業デザインセンター・増田 絵里

前文

（前文）

日本国は、長い歴史と固有の文化を持ち、国民統合の象徴である天皇を戴《いただ》く国家であって、国民主権の下、立法、行政及び司法の三権分立に基づいて統治される。

我が国は、先の大戦による荒廃や幾多の大災害を乗り越えて発展し、今や国際社会において重要な地位を占めており、平和主義の下、諸外国との友好関係を増進し、世界の平和と繁栄に貢献する。

日本国民は、国と郷土を誇りと気概を持って自ら守り、基本的人権を尊重するとともに、和を尊び、家族や社会全体が互いに助け合って国家を形成する。

我々は、自由と規律を重んじ、美しい国土と自然環境を守りつつ、教育や科学技術を振興し、活力ある経済活動を通じて国を成長させる。

日本国民は、良き伝統と我々の国家を末永く子孫に継承するため、ここに、この憲法を制定する。

前　文

日本国民は、正当に選挙された国会における代表者を通じて行動し、われらとわれらの子孫のために、諸国民との協和による成果と、わが国全土にわたつて自由のもたらす恵沢を確保し、政府の行為によつて再び戦争の惨禍が起ることのないやうにすることを決意し、ここに主権が国民に存することを宣言し、この憲法を確定する。そもそも国政は、国民の厳粛な信託によるものであつて、その権威は国民に由来し、その権力は国民の代表者がこれを行使し、その福利は国民がこれを享受する。これは人類普遍の原理であり、この憲法は、かかる原理に基くものである。われらは、これに反する一切の憲法、法令及び詔勅を排除する。

日本国民は、恒久の平和を念願し、人間相互の関係を支配する崇高な理想を深く自覚するのであつて、平和を愛する諸国民の公正と信義に信頼して、われらの安全と生存を保持しようと決意した。われらは、平和を維持し、専制と隷従、圧迫と偏狭を地上から永遠に除去しようと努めてゐる国際社会において、名誉ある地位を占めたいと思ふ。われらは、全世界の国民が、ひとしく恐怖と欠乏から免かれ、平和のうちに生存する権利を有することを確認する。

われらは、いづれの国家も、自国のことのみに専念して他国を無視してはならないのであつて、政治道徳の法則は、普遍的なものであり、この法則に従ふことは、自国の主権を維持し、他国と対等関係に立たうとする各国の責務であると信ずる。

日本国民は、国家の名誉にかけ、全力をあげてこの崇高な理想と目的を達成することを誓ふ。

日本国憲法前文の特徴

まず憲法の制定趣旨や基本原則を述べている前文〈＊1〉ですが、日本国憲法では民主主義・国民主権・平和主義についてその内容を確認する丁寧な文章が続きます。具体的には、前文の第一段冒頭で、「日本国民」を主語に文章が始まり、「正当に選挙された国会における代表者を通じて行動し」と、世界で普遍的になった民主主義（議会制民主主義）の原理を確認します。また、第一段では、「そもそも国政は、……その権威は国民に由来し、その権力は国民の代表者がこれを行使し、その福利は国民がこれを享受する」と、アメリカのリンカーン大統領の「人民の、人民による、人民のための政治」という有名なゲティスバーク演説のフレーズを日本化した言葉もあります。このように、憲法は世界の民主主義の成果を引き継いでいるのです。

また、この同じ第一段では、「ここに主権が国民に存することを宣言し」と、戦前の天皇主権とは異なり、戦後は国民主権とすることを前文で確認し、第一条で再び国民主権を規定しています。

そして、第一段では、「政府の行為によつて再び戦争の惨禍が起ることのないやうにすることを決意し」と、先の戦争（具体的には、一九三一年から日本が行ったアジアへの侵略戦争から、一九四五年に敗北で終わった第二次世界大戦まで）

＊1　前文の前の上諭《じょうゆ》

天皇主権・人権の制限・戦争肯定が特徴的であった明治憲法と異なり、日本国憲法は国民主権・基本的人権の尊重・平和主義を三大基本原理とし、二つの憲法の間には大きな原理の転換が見られます。しかしながら、形式的には日本国憲法は明治憲法第七三条の憲法改正手続に従って改正されたものです。そのため、『六法』で日本国憲法を引いてみると、その前文の前には、「朕は、……帝国議会の議決を経た帝国憲法の改正を裁可し、ここにこれを公布せしめる」という上諭（天皇による法令の公布文）が記載されています。ここでいう「朕」は天皇の一人称。すなわち、日本国憲法を「押しつけ」と批判する改憲派は、明治憲法に基づく天皇の行為も批判しているように見えます。

の反省と将来戦争を起こさない決意を述べ、さらに第二段で日本が目指す平和主義がどのような内容か、全面展開していくのです。

前面に出る国家主義

これに対して、今回の憲法改正草案でも新憲法草案と同様、日本国憲法と比べて前文が短くなり、内容的にも日本国憲法の価値観とは大きく異なっています。それはまず第一段で、確かに国民主権は維持していますが、「日本国は、長い歴史と固有の文化を持ち、国民統合の象徴である天皇を戴く国家であって」と、冒頭いきなり主語は「日本国」から始まり、天皇を頂点とする国家主義が前面に出ているのです。

第三段では、「日本国民は、国と郷土を誇りと気概を持って自ら守り」と、第四段では、「我々は、……美しい国土と自然環境を守りつつ」〈＊2〉と、第五段では、「日本国民は、良き伝統と我々の国家を末永く子孫に継承するため、ここに、この憲法を制定する」と、国家あっての国民であることが前面に出ており、国民に国家の防衛を求めています。

この第三段は、愛国心に通じる発想がある部分ですが、愛とは愛されたい側が求めるものでしょうか。愛とは人間の内面から自然とわき上がる感情であって、人が誰を愛するかはその人が自由意思で決める問題です。にもかかわらず、

＊2 「美しい国土と自然環境を守る」ことと福島原発事故

憲法改正草案は、「我々は、……美しい国土と自然環境を守りつつ」と規定しますが、二〇一一年三月一一日の東日本大震災による福島原発の事故は、「美しい国土と自然環境」を破壊し、いまだにかつて福島原発周辺に住んでいた多くの人々が自宅・故郷に帰ることができません。民主党の野田政権は二〇三〇年代の脱原発依存を決めましたが、自民党の安倍政権はこれを白紙に戻しました。しかし、これまで原発を推進し、その結果「美しい国土と自然環境」を破壊した政党はどこでしょうか。これだけの事故を起こしながら、まだ原発を推進するのでしょうか。憲法改正草案のこの文言は、大変空疎に聞こえます。

愛されたい側が他人にしつこく愛せと言うのはストーカーのようなものであって、愛国心を国民に求める国家は「ストーカー国家」とも言えるものです。国家が国民に愛されたいなら、愛されたいだけのそれ相当の国家になるのが先ではないでしょうか。

近代という価値観の否定

また、この国家主義の部分は、「近代」の価値観を否定した部分とも言えます。すなわち、一八世紀を中心とするフランス革命やアメリカの独立など市民革命は、人を生まれによって差別し、教会と結びついた国王が庶民を支配する封建制社会の原理を否定したものです。封建制社会においては、例えばヨーロッパなら、国王が教会と結びつくことにより、国王＝国家権力が公的領域だけでなく、宗教や道徳など私的領域にも口を出しました。ヨーロッパで魔女狩りがあったように、国家が個人の宗教にも干渉したのです。これが市民革命によって、国家は公的領域に、個人・家族・社会は私的領域に責任を持つ主体になり、公と私が、そして法と道徳が分離されたのです〈＊3〉。

しかし、憲法改正草案前文は、第三段で、「日本国民は、国と郷土を誇りと気概を持って自ら守り、……和を尊び、家族や社会全体が互いに助け合って国家を形成する」と、第四段で、「我々は、自由と規律を重んじ、美しい国土と自然

＊3　明治憲法は近代憲法なのか
明治憲法は、天皇制や貴族制度などの封建制社会の遺物である身分制度を残し、憲法が保障する権利も絶対不可侵のものではなかったため、国家が国民の思想や教育の統制を行いました。そういう意味で、明治憲法を近代憲法と言うには無理があります。

環境を守りつつ、教育や科学技術を振興し、活力ある経済活動を通じて国を成長させる」と、第五段で、「日本国民は、良き伝統と我々の国家を末永く子孫に継承する」と、個人の生き方にまで言及しています。国・郷土への誇りや相互扶助、伝統の継承などは、本来憲法に規定するものではありません。このような規定は、自己決定権や思想・良心の自由を侵害することになります〈＊4〉。

平和的生存権削除の意味

憲法改正草案前文の第二段では、「わが国は、先の大戦による荒廃や幾多の大災害を乗り越えて発展し、今や国際社会において重要な地位を占めており、平和主義の下、諸外国との友好関係を増進し、世界の平和と繁栄に貢献する」と、確かに平和主義にも触れてはいます。しかし、日本国憲法で触れている先の戦争に対する反省の言葉はありません。

また、日本国憲法前文の平和主義は、第二段で、「われらは、平和を維持し、専制と隷従、圧迫と偏狭を地上から永遠に除去しようと努めてゐる国際社会において、名誉ある地位を占めたいと思ふ。われらは、全世界の国民が、ひとしく恐怖と欠乏から免かれ、平和のうちに生存する権利を有することを確認する」〈＊5〉と規定しています。憲法の平和主義というと、多くの人がまずあげるのが第九条です。全国各地に憲法の平和主義の維持・発展を願って作られた

＊4　お上《かみ》のお節介法
近年、健康増進法や少子化対策基本法、食育基本法が制定されましたが、健康であるか否か、子どもを産むか否か、どのような食生活を送るのかは、私的な問題であり全く個人の自由のはずです。このようなお上のお節介と同じ発想が憲法改正草案にはあります。

「九条の会」という組織もありますね。しかし、日本国憲法の平和主義は第九条だけではありません。憲法前文にも平和主義規定があり、この引用した部分がそうです。

もう少し説明すれば、日本国憲法第九条の平和主義は、戦争を「しない」ことによって得られる消極的平和主義（「～しない平和」）というものです。これに対して、前文の平和主義は、前文にもある「専制、隷従、圧迫、偏狭、恐怖、欠乏」といった構造的暴力（国内外の社会構造による貧困・飢餓・抑圧・疎外・差別など）のない状態を、国家が何かを「する」ことによって得られる積極的平和主義（「～する平和」）というものです。

しかし、憲法改正草案では、日本国憲法の構造的暴力の解消に触れた部分も平和的生存権の部分もばっさりと削除しています。これは何を意味するのでしょうか。

日本国憲法前文の平和的生存権の主体は「全世界の国民」であって、日本国民ではありません。これは、日本国民さえ平和で豊かに暮らせばいいという一国平和主義の立場には立たないことを宣言したものです。二〇〇一年の「九・一一事件」でアメリカのブッシュ政権は「対テロ戦争」に力を入れ、日本の小泉政権はテロ対策特別措置法を制定して米軍の「後方支援」（兵站支援）を行いました。アメリカ自身がこれからも「テロ」はなくならないし、絶対に防ぐ

＊5　日本における平和的生存権論

憲法前文の「平和のうちに生存する権利」を、初めて「平和的生存権」と表現して議論したのは憲法学者の星野安三郎氏でした（一九六二年。古関彰一氏との対談集『日本国憲法 平和的共存権への道』〈高文研、一九九七年〉が参考になります）。その後、航空自衛隊の地対空ミサイル・ナイキ基地の建設をめぐる訴訟（長沼訴訟）の中で、札幌地方裁判所は平和的生存権を承認し、自衛隊を憲法第九条違反としました（一九七三年）。

さらに、イラクへの自衛隊派兵差止訴訟では、名古屋高裁は平和的生存権を裁判上の救済を求める具体的権利であることを認め、イラクでの航空自衛隊の活動は憲法第九条違反としました（二〇〇八年）。

ことはできないと言い、国連が「テロ」の根底には世界の貧困問題があると言っています。そうであれば、日本が行うべきことは、憲法第九条に従って戦争への協力をしないことであり、憲法前文に従って世界の構造的暴力の解消に努めることではないでしょうか。そのような姿勢を憲法理念としても放棄するというのが自民党の憲法改正草案なのです。

また、確かに憲法改正草案前文第二段で、「諸外国との友好関係を増進し」と規定していますが、日本国憲法前文第三段の、「われらは、いづれの国家も、自国のことのみに専念して他国を無視してはならないのであつて、……他国と対等関係に立たうとする各国の責務であると信ずる」に比べてあっさりしています。一方で、先に触れたように、自国の成長・継承には饒舌であり、憲法改正草案こそ一国平和主義であると言えます〈＊6〉。

＊6 国連における平和への権利の議論

国連では人権理事会で二〇〇八年から平和への権利に関する研究が始まり、二〇一二年の国連人権理事会には同諮問委員会が作成した「平和への権利の宣言草案」が提出されています。これは、国連総会で平和への権利に関する宣言を採択させようとする取り組みで、狙いは世界の人々に平和に対する権利を認め、人間の安全保障の確立や軍縮などを通じて戦争のない平和な社会を実現しようとするものです。

しかし、日本政府が人権理事会の理事国になっている時は、なんとこの取り組みに反対しているのです。憲法に平和的生存権の規定があるのに、政府は自民党の憲法改正草案を先取りした意思表示をしてきました。

第一章　天皇

第一章　天皇

（天皇）

第一条　天皇は、日本国の**元首であり、**日本国及び日本国民統合の象徴であって、その地位は、主権の存する日本国民の総意に基づく。

（皇位の継承）

第二条　皇位は、世襲のものであって、国会の議決した皇室典範の定めるところにより、これを継承する。

（国旗及び国歌）

第三条　国旗は日章旗とし、国歌は君が代とする。

2　日本国民は、国旗及び国歌を尊重しなければならない。

（元号）

第四条　元号は、法律の定めるところにより、皇位の継承があったときに制定する。

（天皇の権能）

第五条　天皇は、この憲法に定める国事に関する行為を行い、国政に関する権能を有しない。

第一章　天皇

第一条　天皇は、日本国の象徴であり日本国民統合の象徴であつて、この地位は、主権の存する日本国民の総意に基く。

第二条　皇位は、世襲のものであつて、国会の議決した皇室典範の定めるところにより、これを継承する。

第三条　天皇の国事に関するすべての行為には、内閣の助言と承認を必要とし、内閣が、その責任を負ふ。

〔新設〕

〔新設〕

第四条　天皇は、この憲法の定める国事に関する行為のみを行ひ、国政に関する権能を有しない。

天皇を元首に

続く憲法改正草案第一章の天皇のところでも、新憲法草案では結局断念した復古的な規定が多く入っています。第一条でまず天皇を「日本国の元首」としているのです。「元首」とは、君主制国家における君主や共和制国家における大統領のように、対内的には行政の首長として国政を統括し、対外的には国家を代表するものを指す概念です。実際に、日本の外務省は天皇を元首として扱っています。しかし、日本国憲法上行政権は内閣にあり（第六五条）、天皇が国政に関与することを否定し（第四条第一項）、元首の規定が憲法にはないことから、憲法学界では天皇を元首として扱うことには異論もあります。

そもそも、身分制を基本としていた封建制時代においては、国王や天皇といった君主が支配する君主制国家が世界の多数派を占めていましたが、フランス革命など市民革命後は君主のいない共和制国家に移行する国が増えていきます。最近では、二〇〇八年にネパールが君主制から共和制に移行しました。イギリスやスウェーデンなどでも議論があるように、これからも共和制国家は増えていくでしょう。そのような世界の流れに添う形で、天皇主権の大日本帝国憲法から天皇が象徴である日本国憲法に変わったのに、憲法改正草案が天皇を元首にすることは世界の流れに逆行すると言えるでしょう〈＊1〉。

＊1　天皇制について

現在の天皇制は封建制の遺物とも言えるものです。ただ、憲法が天皇制を残したため、国民がそのつど継承順位を決めるわけではなく、国民誰もが天皇になれない点で、本来は民主主義と平等原則に反するはずですが、憲法上は民主主義と平等原則の例外と解釈します。しかし私自身は、この民主主義と平等原則を徹底する立場から、天皇制は廃止して、共和制に移行すべきと考えています。そういう意味で、私は「護憲派」ではなく「改憲派」と言えますが、現在、国民の多数派が象徴天皇制を支持している中で、すぐに改憲して天皇制をなくすべきだとは思いません。時間をかけて国民が議論して決めるべきものです。

〔削除〕

〔削除〕

（天皇の国事行為等）

第六条　天皇は、国民のために、国会の指名に基づいて内閣総理大臣を任命し、内閣の指名に基づいて最高裁判所の長である裁判官を任命する。

2　天皇は、国民のために、次に掲げる国事に関する行為を行う。

一　憲法改正、法律、政令及び条約を公布すること。

二　国会を召集すること。

三　衆議院を解散すること。

四　衆議院議員の総選挙及び参議院議員の通常選挙の施行を公示すること。

五　国務大臣及び法律の定めるその他の国の公務員の任免を認証すること。

六　大赦、特赦、減刑、刑の執行の免除及び復権を認証する

---

②　天皇は、法律の定めるところにより、その国事に関する行為を委任することができる。

第五条　皇室典範の定めるところにより摂政を置くときは、摂政は、天皇の名でその国事に関する行為を行ふ。この場合には、前条第一項の規定を準用する。

第六条　天皇は、国会の指名に基いて、内閣総理大臣を任命する。

②　天皇は、内閣の指名に基いて、最高裁判所の長たる裁判官を任命する。

第七条　天皇は、内閣の助言と承認により、国民のために、左の国事に関する行為を行ふ。

一　憲法改正、法律、政令及び条約を公布すること。

二　国会を召集すること。

三　衆議院を解散すること。

四　国会議員の総選挙の施行を公示すること。

五　国務大臣及び法律の定めるその他の官吏の任免並びに全権委任状及び大使及び公使の信任状を認証すること。

六　大赦、特赦、減刑、刑の執行の免除及び復権を認証する

日の丸・君が代を憲法で

また、憲法改正草案の第三条で、「国旗は日章旗とし、国歌は君が代とする」「日本国民は、国旗及び国歌を尊重しなければならない」としています。自民党は、この憲法改正草案についてのQ＆A（http://www.jimin.jp/policy/pamphlet/pdf/kenpou_qa.pdf、以下「自民党Q＆A」と表記）も発表していますが、国旗・国歌については、「国旗・国歌をめぐって教育現場で混乱が起きていることを踏まえ、3条に明文の規定を置くこととしました」と書いているように、この狙いは明らかでしょう。

そもそも、一九九九年の国旗国歌法で国旗掲揚と国歌斉唱を強制しないと政府は説明していたのに、東京都などで強制するから「教育現場で混乱が起きている」のです。日の丸は侵略戦争のシンボルでしたし、君が代は封建制の遺物である天皇制賛美の歌ですから、法律で日の丸を国旗に、君が代を国歌にしたことが問題だったはずです。

実は、戦前は日の丸を国旗に、君が代を国歌にするという法律はなく、事実上、日の丸・君が代を国旗・国歌として扱っていたにすぎません。戦後も法制化が一九九九年になってからというのは、それだけ反対の声もあったからです。だから文部省は、正々堂々と法律ではなく姑息な方法で学習指導要領によって

こと。

七　栄典を授与すること。

八　全権委任状並びに大使及び公使の信任状並びに批准書及び法律の定めるその他の外交文書を認証すること。

九　外国の大使及び公使を接受すること。

十　儀式を行うこと。

3　天皇は、法律の定めるところにより、前二項の行為を委任することができる。

4　天皇の国事に関する全ての行為には、内閣の進言を必要とし、内閣がその責任を負う。ただし、衆議院の解散については、内閣総理大臣の進言による。

5　第一項及び第二項に掲げるもののほか、天皇は、国又は地方自治体その他の公共団体が主催する式典への出席その他の公的な行為を行う。

（摂政）

第七条　皇室典範の定めるところにより摂政を置くときは、摂政は、天皇の名で、その国事に関する行為を行う。

2　第五条及び前条第四項の規定は、摂政について準用する。

こと。

七　栄典を授与すること。

八　批准書及び法律の定めるその他の外交文書を認証すること。

九　外国の大使及び公使を接受すること。

十　儀式を行ふこと。

第四条　（略）

②　天皇は、法律の定めるところにより、その国事に関する行為を委任することができる。

第三条　天皇の国事に関するすべての行為には、内閣の助言と承認を必要とし、内閣が、その責任を負ふ。

〔新設〕

第五条　皇室典範の定めるところにより摂政を置くときは、摂政は、天皇の名でその国事に関する行為を行ふ。この場合には、前条第一項の規定を準用する。

一九五八年に日の丸を国旗に、一九七七年に君が代を国歌にして、学校現場で日の丸・君が代の浸透を図ったのです〈＊2〉。

このようにこれまで議論のあった日の丸・君が代については、もっと慎重に議論すべきです。

元号を憲法で

さらに、憲法改正草案第四条で、皇位の継承があった時に元号を制定するとしています。元号とは、皇帝は空間（国家）だけでなく時間も支配でき、皇帝の死により時代を区切るという発想から、紀元前一一三年に漢の武帝が導入したとされるものです。諸説はありますが、六四五年の「大化」から日本も中国のまねをして元号を導入しました。元号制度は日本独自の制度ではないのです。以前は天災・飢饉などに際して元号を替えることもありましたが、天皇の統治と時間の支配がより密接な一世一元制（一人の天皇に一つの元号）を導入するのは明治以降のことです。

これが戦後は一九七九年に元号法が制定され、国や自治体などは元号だけの表記が一般的になっています（現在、新聞は元号と西暦の併記が一般的です）。しかし、元号法制定当時も議論がありましたが、法律があるとはいえ、そもそも天皇が時間を支配していることを示す元号制度は国民主権に反するのではない

＊2　正確に教えない君が代

誰もが知っている君が代ですが、歌詞を逐語訳できますか？「さざれ石」や「いわお」は？

君が代は、「天皇の時代は永遠に、小さな石（細石）が集まって大きな岩（巌）になって、苔が生えるまで続きますように」という意味です。学校で歌詞の意味を教えないのは、君が代に疑問を持つ子どもが出てくるのを恐れているからではないでしょうか。

また、君が代はドイツ人のエッケルトが編曲しているのに、国旗国歌法の中で作曲者の名前を載せても、編曲者の名前を載せていません。日本の「国歌」が当時のお雇い外国人によって手を加えられたことが恥ずかしいのでしょうか。

（皇室への財産の譲渡等の制限）
第八条　皇室に財産を譲り渡し、又は皇室が財産を譲り受け、若しくは賜与するには、法律で定める場合を除き、国会の承認を経なければならない。

第八条　皇室に財産を譲り渡し、又は皇室が、財産を譲り受け、若しくは賜与することは、国会の議決に基かなければならない。

でしょうか〈＊3〉。それを憲法にまで規定する必要はあるのでしょうか。憲法に規定するほど元号が好きな人は、大化から平成まで二三一の元号を全て覚え、世界に行っても元号で通すべきではないでしょうか。そこまですれば、いかに元号はグローバル化に対応しない、世界基準にならない、不便な年号であることがよくわかると思うのですが。

公的行為の明確化

憲法改正草案第五条は、天皇が象徴として行う天皇の権能としての国事行為（具体的内容は、日本国憲法なら第六条と第七条に列挙しています）を規定している部分で、日本国憲法では「天皇は、この憲法の定める国事に関する行為のみを行ひ」としているのに、「のみ」を削除しています。また、新たに第六条第五項として、「第一項及び第二項に掲げるもののほか、天皇は、国又は地方自治体その他の公共団体が主催する式典への出席その他の公的な行為を行う」という規定を加えました。

天皇の行為については、憲法学界の中でも議論があり、憲法を厳格に解釈して、憲法で規定された国事行為と規定のない私的行為の二つしかできないと考える説があります。しかし、戦後、政府の解釈で天皇による国内巡幸、国会開会の際の「お言葉」、国民体育大会・植樹祭への出席など、国事行為でも私的

＊3　祝日も天皇制に関係があります。今回は規定しませんでしたが、祝日も天皇制と関係があります。以下の九日が天皇関連の日です。すなわち、一月一日の元日（天皇が豊作と無病息災を祈る四方拝の日）、二月一一日の建国記念の日（神武天皇が即位したとする日）、三月と九月の春分の日・秋分の日（皇室の行事である春季皇霊祭・秋季皇霊祭の日）、四月二九日の昭和の日（昭和天皇の誕生日）、元七月二〇日の海の日（一八七六年に明治天皇が東北巡幸から無事横浜港に帰還した日）、一一月三日の文化の日（明治天皇の誕生日）、一一月二三日の勤労感謝の日（天皇がその年の収穫を感謝する新嘗祭の日）、一二月二三日の天皇誕生日です。

行為でもない公的行為がなし崩し的に行われてきました。憲法改正草案はこれを正面から認め、天皇の行為の拡大を狙っているのです。

なお、日本国憲法では国事行為に内閣の助言と承認が必要としていますが、憲法改正草案では「『承認』とは礼を失することから」（自民党Q＆A）、「進言」という言葉に置き換えています。しかし、この言葉は目上に発言するという意味の言葉であり、ここに自民党が内閣を天皇より下位に置いていることがよく表れています〈＊4〉。

もっと天皇制について考えてみよう

かつて森元首相は、「日本は神の国」と発言しましたが、今回の憲法改正草案の前文や天皇条項を見ると、自民党全体に森元首相のような発想があるように感じられます。しかし、科学的に歴史を見ていけば、紀元前六六〇年に即位した神武天皇（在位期間が七六年で、一二七歳または一三七歳まで生きたとされています）など初期の天皇は架空の存在とされていますし、神武以降の天皇支配が「説明」されるのは、八世紀に作成された「古事記」「日本書記」によってです〈＊5〉。明治憲法は第一条で「万世一系ノ天皇」が統治すると規定しましたが、南北朝を見ればわかるように、天皇は万世一系ではありません。そして、「国家ノ元首ニシテ統治権ヲ総覧シ」（明治憲法第四条）、天皇が主権者だった戦

＊4　皇室に対する過剰反応

以前（二〇〇〇年）、皇太子妃雅子のことを「雅子」と敬称なしで表記した月刊誌『噂の眞相』編集部が右翼によって襲撃される事件がありました。今は戦前のような天皇・皇族に対する態度が犯罪（不敬罪）とされる時代ではなく、国民主権の国なのに。また、戦後でも以前は、現皇后美智子のことを「ミッチー」と、現皇太子徳仁のことを「ナルちゃん」と、天皇の元第一皇女清子のことを「サーヤ」と、国民も親しみを込めて呼んでいました。しかし、現在では雑誌で皇太子夫婦の娘愛子を「愛子ちゃん」と表現することはなく、必ず「愛子さま」（「愛子様」でもない！）と表現するほど過剰な反応が見られます。

前から、戦後は天皇を単なる象徴にした日本国憲法に、進歩を見ることができるでしょう。

　その憲法制定前、連合国の中には昭和天皇裕仁の戦争責任を追及し、天皇制廃止を求める声もあったわけですが、天皇制を残した方が日本を統治しやすいと考えたＧＨＱ・マッカーサーの考えもあり、戦後も天皇制が残ったのです。憲法はＧＨＱの押し付けと考える改憲派は、ＧＨＱが関与しなければ天皇制が残らなかったかもしれないことをどう評価するのでしょうか。

　また、天皇制を残しても、アジア諸国が日本を脅威と感じないように憲法第九条の非軍事化とセットにしたとも言われていますが、このことを改憲派はどう考えるのでしょうか。天皇制の議論をタブーにせず、もっと考えるべきことがあるのではないでしょうか。

＊5　ついでに在特会についても考えてみる
　現代の日本人は、元々日本にいた縄文人と、中国・朝鮮をルーツとする弥生人の混血です（もっとも、縄文人のルーツも中国とされていますが）。その中で、今上天皇明仁が、桓武天皇と朝鮮民族との血のつながりを認めているように、天皇家は弥生系の血の濃い人たちです。

　ところで最近、在特会（在日特権を許さない市民の会）が、日の丸を掲げながら在日コリアンなどに対して「ゴキブリ」「寄生虫」などといった言葉を投げつけ、排外主義的な活動を行っています。もちろん、このような表現・活動自体許されませんが、同じ言葉を弥生系の血が流れている天皇・皇族や自分たちに向けないのでしょうか。特別な人種・民族がいると考える発想自体間違っていませんか。

第二章　安全保障

第二章　安全保障

（平和主義）

第九条　日本国民は、正義と秩序を基調とする国際平和を誠実に希求し、国権の発動としての戦争を放棄し、武力による威嚇及び武力の行使は、国際紛争を解決する手段としては用いない。

2　前項の規定は、自衛権の発動を妨げるものではない。

（国防軍）

第九条の二　我が国の平和と独立並びに国及び国民の安全を確保するため、内閣総理大臣を最高指揮官とする国防軍を保持する。

2　国防軍は、前項の規定による任務を遂行する際は、法律の定めるところにより、国会の承認その他の統制に服する。

3　国防軍は、第一項に規定する任務を遂行するための活動のほか、法律の定めるところにより、国際社会の平和と安全を確保するために国際的に協調して行われる活動及び公の秩序を維持し、又は国民の生命若しくは自由を守るための活動を行うことができる。

4　前二項に定めるもののほか、国防軍の組織、統制及び機密の保持に関する事項は、法律で定める。

5　国防軍に属する軍人その他の公務員がその職務の実施に伴

第二章　戦争の放棄

第九条　日本国民は、正義と秩序を基調とする国際平和を誠実に希求し、国権の発動たる戦争と、武力による威嚇又は武力の行使は、国際紛争を解決する手段としては、永久にこれを放棄する。

②　前項の目的を達するため、陸海空軍その他の戦力は、これを保持しない。国の交戦権は、これを認めない。

〔新設〕

「戦争の放棄」の放棄

日本国憲法第二章の表題は「戦争の放棄」であり、この中の第九条は第一項で戦争の放棄を、第二項で戦力の不保持と交戦権の否認を規定したものです。この第九条に関する解釈はいろいろあり、憲法学界でも第一項については、自民党Q＆Aで触れている、第一次世界大戦後の一九二八年に制定されたパリ不戦条約（戦争抛棄ニ関スル条約）の解釈を持ってきて、放棄した戦争は侵略戦争であって自衛権の行使は放棄していないとする考え方があります。しかし、第二項で自衛のための戦力も保持できないと考えるのが学界の多数説です。

これに対して、憲法学界には、先の日本が自衛の名の下に侵略戦争を行ったことに対する反省から、第一項で自衛権の行使も放棄したと考える説もあります。これは、世界の「戦争の違法化」〈＊1〉の流れからも位置づけられる考え方です。すなわち、二〇世紀は二度の世界戦争とその後も戦争を続けた「戦争の世紀」と言えるものでした。しかし、人類も愚かではありませんから、第一次世界大戦後の国際連盟規約で侵略戦争の制限を試み、パリ不戦条約で侵略戦争を放棄し、第二次世界大戦後の国際連合憲章（以下、「国連憲章」と表記）で自衛戦争を制限しました。

このような流れからすれば、自衛権行使も放棄したと考える説は、「戦争の

＊1　戦争の違法化とは

上記に述べた流れは、戦争の種類に関する規制です。これに対して、二〇世紀以降は戦争の方法に関する規制も強めてきています。すなわち、ジュネーブ諸条約で戦時における文民・捕虜の保護を規定し、生物兵器禁止条約・化学兵器禁止条約・地雷禁止条約・クラスター爆弾禁止条約によって、個別の大量破壊兵器や残忍な兵器の規制を行ってきました。このような流れの中で、憲法第九条を改正することは、日本を戦争ができる「普通の国」にしてしまうものと言えます。しかし、私たちは絶対平和主義の立場に立つ「優等国」として日本の平和主義に誇りを持つべきで、他国並みにレベルダウンする必要はないでしょう。

う罪又は国防軍の機密に関する罪を犯した場合の裁判を行うため、法律の定めるところにより、国防軍に審判所を置く。この場合においては、被告人が裁判所へ上訴する権利は、保障されなければならない。

（領土等の保全等）

第九条の三　国は、主権と独立を守るため、国民と協力して、領土、領海及び領空を保全し、その資源を確保しなければならない。

〔新設〕

違法化」の歴史をさらに一歩前に進めた平和主義観と言えます。しかし、憲法改正草案は、日本国憲法第二章の「戦争の放棄」という概念自体放棄しています。

集団的自衛権行使の承認へ

そして、憲法改正草案第九条第一項では、日本国憲法第九条が戦争と武力による威嚇又は武力の行使について「永久にこれを放棄する」としているのに対して、「戦争を放棄し、武力による威嚇及び武力の行使は、国際紛争を解決する手段としては用いない」に変えます。これは、後で第九条の二のところで見るように、武力の威嚇と武力の行使の余地を残すことを意味します。

また、憲法改正草案第九条第二項は、日本国憲法第九条第二項を削除し、新たに「前項の規定は、自衛権の発動を妨げるものではない」という言葉に置き換えています。戦後当初、一九四六年に吉田首相も憲法第九条については自衛権発動としての交戦権も放棄したと説明したにもかかわらず、その後の「逆コース」の中で再軍備が行われ、着々と自衛隊は肥大化していきました。

この憲法改正草案はそのなし崩し的な戦後の流れの中で正面から自衛権行使を認め、単に「自衛権」と表現することで個別的自衛権と集団的自衛権の区別をせず、後者の行使も認めようとするものです。自民党Q＆Aでも、「この

『自衛権』には、国連憲章が認めている個別的自衛権や集団的自衛権が含まれていることは、言うまでもありません」と説明しています。これによって、次に述べる第九条の二との関係から、アメリカが戦争する時に、日本もその戦争に参加することが可能になってしまうのです〈＊2〉。

自衛隊から国防軍へ

憲法改正草案の第二章には、第九条の他に新たに第九条の二という規定を加えています。この第一項で、「我が国の平和と独立並びに国及び国民の安全を確保するため」に「国防軍」を保持するとしています。これまで政府は憲法第九条との関係から、「自衛隊」と、自衛隊は軍隊ではないと説明してきたわけですが、これからは堂々と日本は「軍」を、しかも「国家を防衛するための軍隊」を持つというのです〈＊3〉。

また、この国防軍は第三項で、「国際社会の平和と安全を確保するために国際的に協調して行われる活動及び公の秩序を維持し、又は国民の生命若しくは自由を守るための活動を行うことができる」ともしています。これは国防軍が「国防」だけでなく、国連軍、さらには「国際的に協調して行われる活動」と曖昧に規定していることから、アフガン戦争やイラク戦争などのようなアメリカ主導の戦争にも参加できることになるのです。

＊2　具体的には国家安全保障基本法で

自民党Q&Aによると、自衛権行使ができる場合を国家安全保障基本法のような法律で明確にする必要があるとしています。すでに自民党は、二〇一二年七月に国家安全保障基本法案を公表しています（http://www.jimin.jp/policy/policy_topics/pdf/seisaku-137.pdf）。

この法案は、集団的自衛権行使の全面解禁を狙ったもので、自民党は議員立法での制定を考えているようです。なぜなら、政府提出法案なら集団的自衛権行使を認めてこなかった内閣法制局が抵抗する可能性がありますが、議員立法の場合は内閣法制局は関与できないからです。そういう意味で、改憲案だけでなく立法改憲の動きにも注意が必要です。

そして、自衛隊法（第三条）は「我が国を防衛すること」が自衛隊の主たる任務としていますが、第一項で「国」以外に「国民の安全」を新たに入れることで、第二五条の三と連動して在外邦人保護のために国防軍が国外展開することも可能となります。

このように、憲法改正草案第九条の二は、日本国憲法第九条の価値観を大幅に転換し、日本が国防以外の活動に従事する軍隊を持つ国家に変えてしまうのです。

秘密保護法制の制定にお墨付き

また、憲法改正草案第九条の二第四項には、「国防軍の組織、統制及び機密の保持に関する事項は、法律で定める」という規定があります。民主党政権の二〇一一年八月に、政府の「秘密保全のための法制の在り方に関する有識者会議」が報告書を提出しました。この報告書では、①国の安全、②外交、③公共の安全及び秩序の維持の三分野を対象に、国の存立にとって特に秘匿を要する秘密を法律で「特別秘密」に指定し、秘密の漏洩や取得などを処罰すべきと提案しているのです。

このような法律が制定されれば、報道関係者を筆頭に広く国民の取材・報道など表現の自由が制約され、国民の知る権利が十分に保障されなくなってしまいます。結局、この法案に対する弁護士会やマスコミなどの反対の声を受け、

＊3　自衛隊と憲法第九条

憲法学界では、憲法の観点から自衛隊を違憲と考える立場の人が多いです。これに対して、国民の多くは自衛隊を容認しています。かといって、憲法第九条を改正してしまおうと考える国民が圧倒的多数でもありません。このような状況から、本来矛盾するはずの自衛隊と憲法第九条を共存させてきたのは、まさに歴代の自民党政権だったわけです。

ただ、世論調査などを見ると、国民が自衛隊について評価しているのは、災害救助活動についてです。憲法改正草案は従来の政府解釈を投げ捨て、国防軍は軍事活動がメインになってしまうのであり、国民は国防軍と自衛隊との違いに注意する必要があります。

民主党政権は法案を出せませんでした〈＊4〉。

それが今年（二〇一三年）三月、安倍政権が設置した「国家安全保障会議の創設に関する有識者会議」の議論の中で、今年の参議院選挙後の臨時国会に、秘密保全法案（特定秘密保全法案）を提出する方向で検討していることが明らかになりました。一九八〇年代の中曽根政権の時も国家秘密法案が国会に提出されましたが、国民の人権を侵害するとの反対の声が強くて廃案になりました。憲法改正草案は、このように問題のある秘密保護法制の制定に憲法上のお墨付きを与えようとしているのです。

軍法会議の復活へ

さらに、憲法改正草案第九条の二第五項には、「国防軍に属する軍人その他の公務員がその職務の実施に伴う罪又は国防軍の機密に関する罪を犯した場合の裁判を行うため、……国防軍に審判所を置く」という規定を新たに置いています。これは自民党Q＆Aで、軍人の処罰については「通常の裁判所ではなく、国防軍に置かれる軍事審判所で裁かれるものとしました。審判所とは、いわゆる軍法会議〈＊5〉のことです」「裁判官や検察、弁護側も、主に軍人の中から選ばれることが想定されます」と説明しています。

この軍法会議に関しては、自民党の石破茂幹事長が二〇一三年四月二一日放

＊4　秘密保全法案と共通番号法

秘密保全法案と同じく、民主党政権で準備していたもので、自民党政権でも継承した上で成立させた法律としては、国民の様々な情報を国家が収集する共通番号法（マイナンバー法）があります。

この両者の関係は、秘密保全法案によって「国家のプライヴァシー」を保護し、国民の知る権利を侵害する一方、共通番号法によって国民情報の「国家の知る権限」を保障し、国民のプライヴァシー権を侵害するという、従来の国家と国民との関係を一八〇度転換するものです。

国家が国民を統治する主体であることを端的に示す秘密保全法案も共通番号法も、国民の人権上大いに問題があります。

映のＢＳ番組で、国防軍の出動命令に従わない者には、軍法会議で死刑にしてもいい旨の発言をしました。

ところで、軍法会議は戦前の日本にもありました。戦前の日本には、同じく特別裁判所としての行政裁判所もありました。しかし、軍法会議なら軍隊に、行政裁判所なら行政機関に属するため、裁判といっても身内が身内を裁くため、結局軍隊や行政機関に有利な判決が出てしまい、裁判の公平中立性は保たれませんでした。

そこで、日本国憲法は、「すべて司法権は、最高裁判所及び法律の定めるところにより設置する下級裁判所に属する」（第七六条第一項）、「特別裁判所は、これを設置することができない」（同条第二項）とし、戦後は軍法会議も行政裁判所も廃止されたのです。しかし、憲法改正草案では戦後廃止された軍法会議に相当する軍事審判所を復活させようとしているのです。ここにも自民党の憲法改正草案が戦前に逆戻りする特徴を有していることをよく表しています。

主権と独立を強調するが

憲法改正草案第九条に関しては、もう一つ第九条の三という追加規定を置いています。「国は、主権と独立を守るため、国民と協力して、領土、領海及び領空を保全し、その資源を確保しなければならない」という規定です。この規

＊5　軍法会議のさらにその先は

アメリカはアフガニスタンやイラクで「テロリスト」と決めつけた人々を拘束し、キューバにあるグァンタナモ米軍基地内に移送・収容し、非人道的な長期拘留や取調べを行っていることはよく知られているところです。

本来、「テロ」は犯罪ですから、警察組織が被疑者を逮捕し、裁判にかけなければなりません。しかし、アメリカは「テロ」を戦争で解決しようとし、被疑者は公平中立な裁判所で裁かれていないのです。

憲法改正草案の「審判所」は「テロリスト」を裁くことを想定していませんが、ひとたびこのような組織が導入されれば、今後どうなるはわかりません。

定は、この間のロシアとの北方領土問題や、中国との尖閣諸島問題、韓国との竹島問題が念頭にあるのでしょう。特に安倍政権は、中国・韓国とのこの領土問題について、日本は強い姿勢で臨まないといけないと考えているようです。

しかし、二〇〇四年八月、沖縄国際大学に米軍のヘリコプターが墜落した時、何があったでしょうか。墜落現場は日本の領土であり、沖縄国際大学の敷地内なのに、なんと米軍が現場に大学関係者も日本の警察も立ち入れさせなかったのです。

また、二〇一二年七月に日本の岩国に米軍のオスプレイが搬入され、沖縄の自治体・県民の多くが反対しているのに同年一〇月には沖縄に配備され、その後は国内を自由に飛行しています。これまでも、米兵が国内で犯罪を犯しても日米地位協定によって米兵の身柄が手厚く守られ、羽田空港を発着する日本の民間機は米軍横田基地の空域を迂回して飛行することを余儀なくされてきました。アメリカによる日本の主権侵害行為を黙認し、主権制限を受け入れてきた自民党政権に、「主権を守る」「領土等の保全」を言う資格があるのでしょうか〈＊6〉。

＊6　沖縄を犠牲にした安全保障論

現在、日本の国土面積わずか〇・六％の沖縄に在日米軍基地・施設の七四％が集中し、保守派の仲井眞弘多知事もこの状態を「差別」だと言っています。今年（二〇一三年）一月には、オスプレイの配備撤回と普天間飛行場の県外移設を求めて、県内四一の全市町村の首長・議長（代理含む）や県議らが銀座でデモ行進をするほど、沖縄は怒りに満ち溢れています。

私は日米安全保障条約に反対の立場で、将来的に同条約を終了させ、在日米軍は撤退すべきだという立場ですが、自民党が憲法改正草案で安全保障を言うなら、在日米軍基地を日本全体で受け入れることを主張すべきではないでしょうか。沖縄の日本国民より外国のアメリカを優先する安全保障論は、本土の人間の全く身勝手な考えだと思います。

第三章　国民の権利及び義務

第三章　国民の権利及び義務

（日本国民）

第十条　日本国民の要件は、法律で定める。

（基本的人権の享有）

第十一条　国民は、全ての基本的人権を享有する。この憲法が国民に保障する基本的人権は、侵すことのできない永久の権利**である**。

（国民の責務）

第十二条　この憲法が国民に保障する自由及び権利は、国民の不断の努力により、保持されなければならない。国民は、これを濫用してはならず、**自由及び権利には責任及び義務が伴うことを自覚し**、常に**公益及び公の秩序に反してはならない。**

（**人として**の尊重等）

第十三条　全て国民は、**人**として尊重される。生命、自由及び幸福追求に対する国民の権利については、**公益及び公の秩序**に反しない限り、立法その他の国政の上で、最大限に尊重されなければならない。

（法の下の平等）

第三章　国民の権利及び義務

第十条　日本国民たる要件は、法律でこれを定める。

第十一条　国民は、すべての基本的人権の享有を妨げられない。この憲法が国民に保障する基本的人権は、侵すことのできない永久の権利として、現在及び将来の国民に与へられる。

第十二条　この憲法が国民に保障する自由及び権利は、国民の不断の努力によつて、これを保持しなければならない。又、国民は、これを濫用してはならないのであつて、常に公共の福祉のためにこれを利用する責任を負ふ。

第十三条　すべて国民は、個人として尊重される。生命、自由及び幸福追求に対する国民の権利については、公共の福祉に反しない限り、立法その他の国政の上で、最大の尊重を必要とする。

日本国憲法の人権規定

憲法改正草案を検討する前に、日本国憲法の人権規定をごく簡単に説明しておきましょう。第三章が人権規定ですが、人権は大きく分けると自由権、社会権、参政権に分けることができます。

まず、自由権ですが、主に一八世紀を中心とする市民革命後に保障されるようになった権利で、それまで国家が個人に干渉していた事柄について、そのような干渉をさせないことで保障される権利です。この自由権はさらに三つに分けることができ、人身の自由、精神的自由、経済的自由があります。日本国憲法なら、人身の自由は、第一八条の奴隷的拘束と苦役からの自由、第三一条から第四〇条までの被疑者の権利と刑事被告人の権利などです。精神的自由は、第一九条の思想・良心の自由、第二〇条の信教の自由、第二一条の表現の自由、第二三条の学問の自由です。経済的自由は、第二二条の居住・移転・職業選択の自由、第二九条の財産権です。これら自由権は国家権力によっても奪えない権利なので、「国家からの自由」と表現されます。

次に、社会権ですが、主に二〇世紀以降の労働運動・社会主義運動の成果として保障されるようになった権利で、国家が社会的弱者に対して必要なことを行うことで保障される権利です。第二五条の生存権、第二六条の教育を受ける

第十四条　全て国民は、法の下に平等であって、人種、信条、性別、**障害の有無**、社会的身分又は門地により、政治的、経済的又は社会的関係において、差別されない。

2　華族その他の貴族の制度は、認めない。

3　栄誉、勲章その他の栄典の授与は、現にこれを有し、又は将来これを受ける者の一代に限り、その効力を有する。

（公務員の選定及び罷免に関する権利等）

第十五条　公務員を選定し、及び罷免することは、主権の存する国民の権利である。

2　全て公務員は、全体の奉仕者であって、一部の奉仕者ではない。

3　公務員の選定を選挙により行う場合は、**日本国籍を有する**成年者による普通選挙の方法による。

4　選挙における投票の秘密は、侵されない。選挙人は、その選択に関し、公的にも私的にも責任を問われない。

（請願をする権利）

第十六条　何人も、損害の救済、公務員の罷免、法律、命令又は規則の制定、廃止又は改正その他の事項に関し、平穏に請願をする権利を有する。

2　請願をした者は、そのためにいかなる差別待遇も受けない。

第十四条　すべて国民は、法の下に平等であつて、人種、信条、性別、社会的身分又は門地により、政治的、経済的又は社会的関係において、差別されない。

②　華族その他の貴族の制度は、これを認めない。

③　栄誉、勲章その他の栄典の授与は、いかなる特権も伴はない。栄典の授与は、現にこれを有し、又は将来これを受ける者の一代に限り、その効力を有する。

第十五条　公務員を選定し、及びこれを罷免することは、国民固有の権利である。

②　すべて公務員は、全体の奉仕者であつて、一部の奉仕者ではない。

③　公務員の選挙については、成年者による普通選挙を保障する。

④　すべて選挙における投票の秘密は、これを侵してはならない。選挙人は、その選択に関し公的にも私的にも責任を問はれない。

第十六条　何人も、損害の救済、公務員の罷免、法律、命令又は規則の制定、廃止又は改正その他の事項に関し、平穏に請願する権利を有し、何人も、かかる請願をしたためにいかなる差別待遇も受けない。

権利、第二七条と第二八条の労働者の権利があります。これら社会権は国家権力によって実現される権利なので、「国家による自由」と表現されます。

そして、参政権ですが、市民革命後に少しずつ保障されるようになった権利で、国民が国家の活動に関与する権利です。第一五条の選挙権・被選挙権や公務就任権などがあります。

他にも憲法には、人権の総則規定（第一三条の包括的基本権や第一四条の法の下の平等）、国務請求権（第一六条の請願権や第三二条の裁判を受ける権利など）があります。

「公」の論理による人権制約へ

では、憲法改正草案ですが、人権規定でまず最初に目に付くのが、日本国憲法第一二条・第一三条・第二九条に出てくる人権制約原理の文言である「公共の福祉」を、新憲法草案と同様、「公益及び公の秩序」に変えていることです（憲法改正草案では、日本国憲法第二二条にある「公共の福祉」を削除していますが、この意味については後で考察します）。確かに、「公共」という言葉は誤解を招きやすいもので、「公共」を「国家」と同視して、国家の論理で国民の権利・自由を制約する概念と考える人もいるかもしれません。戦後当初の学説や最高裁の判決には、そのような解釈の仕方もありました。

（国等に対する賠償請求権）

第十七条　何人も、公務員の不法行為により損害を受けたときは、法律の定めるところにより、国又は地方自治体その他の公共団体に、その賠償を求めることができる。

（**身体の拘束**及び苦役からの自由）

第十八条　何人も、**その意に反すると否とにかかわらず、社会的又は経済的関係において身体を拘束されない。**

2　何人も、犯罪による処罰の場合を除いては、その意に反する苦役に服させられない。

（思想及び良心の自由）

第十九条　思想及び良心の自由は、**保障する。**

（個人情報の不当取得の禁止等）

第十九条の二　何人も、個人に関する情報を不当に取得し、保有し、又は利用してはならない。

（信教の自由）

第二十条　信教の自由は、保障する。国は、いかなる宗教団体**に対しても、特権を与えてはならない。**

第十七条　何人も、公務員の不法行為により、損害を受けたときは、法律の定めるところにより、国又は公共団体に、その賠償を求めることができる。

第十八条　何人も、いかなる奴隷的拘束も受けない。又、犯罪に因る処罰の場合を除いては、その意に反する苦役に服させられない。

第十九条　思想及び良心の自由は、これを侵してはならない。

〔新設〕

第二十条　信教の自由は、何人に対してもこれを保障する。いかなる宗教団体も、国から特権を受け、又は政治上の権力を行使してはならない。

しかし、この考えは国家の論理で人権制約を簡単に行ってしまいますし、明治憲法の「法律の留保」〈＊1〉と変わらない考え方です。そこでその後、「公共の福祉」を人権と人権が衝突した場合の調整原理と考える学説が多数説になっていきます。例えば、憲法第二一条で表現の自由が保障されていますが、野放しの表現の自由は許されず、他人のプライヴァシーや名誉を傷つける表現は制約されます。喫煙の自由は憲法第一三条の幸福追求権から保障されますが、どこでも喫煙できませんね。

「公共の福祉」は英語だと public welfare のことですが、public の名詞形には「人々」「民衆」の意味があるように、「公共の福祉」に「社会的利益」の意味があるとしても、「国家的利益」の意味はないのです。

それなのに、憲法改正草案は「公共の福祉」はわかりづらい表現だからという理由で、憲法学で積み重ねられてきた議論を無視して、「公共の福祉」を「公益及び公の秩序」という表現を使うことで意味まで変えてしまっているのです。「公益及び公の秩序」という表現もわかりづらいですが、自民党Q＆Aでは、「『公の秩序』とは『社会秩序』のこと」だと説明しています。二〇〇五年の自民党新憲法起草委員会各小委員会要綱では、「国家の安全と社会秩序」と表現していました。後者がより自民党の本音に近いでしょう。

さらに、憲法改正草案第一二条には、「自由及び権利には責任及び義務が伴

＊1　「法律の留保」

明治憲法は臣民の権利を保障していながら、各権利規定の条文には「法律ノ範囲内ニ於テ」「法律ニ定メタル場合ヲ除ク外」という文言が付いていました。要するに、臣民の権利は法律で簡単に制約可能とするもので、この考えを「法律の留保」と言います。

これに対して、人権は多数決によって簡単に奪ったり、制約してはいけないもので、市民革命後の世界常識です。しかし、自民党Q＆Aには西欧の天賦人権説に基づく規定は改める必要があると説明しています。憲法改正草案で「法律の留保」的な人権制約原理を盛り込んだところに、自民党の人権概念の貧困さがよく表れています。

2 何人も、宗教上の行為、祝典、儀式又は行事に参加することを強制されない。	② 何人も、宗教上の行為、祝典、儀式又は行事に参加することを強制されない。
3 **国及び地方自治体その他の公共団体は、特定の宗教のための教育その他の宗教的活動をしてはならない。ただし、社会的儀礼又は習俗的行為の範囲を超えないものについては、この限りでない。**	③ 国及びその機関は、宗教教育その他いかなる宗教的活動もしてはならない。
（表現の自由）	
第二十一条 集会、結社及び言論、出版その他一切の表現の自由は、保障する。	第二十一条 集会、結社及び言論、出版その他一切の表現の自由は、これを保障する。
2 前項の規定にかかわらず、公益及び公の秩序を害することを目的とした活動を行い、並びにそれを目的として結社をすることは、認められない。	〔新設〕
3 検閲は、してはならない。通信の秘密は、侵してはならない。	② 検閲は、これをしてはならない。通信の秘密は、これを侵してはならない。
（国政上の行為に関する説明の責務）	
第二十一条の二 国は、国政上の行為につき国民に説明する責務を負う。	〔新設〕
（居住、移転及び職業選択等の自由等）	
第二十二条 何人も、居住、移転及び職業選択の自由を有する。	第二十二条 何人も、公共の福祉に反しない限り、居住、移転及び職業選択の自由を有する。
2 全て国民は、外国に移住し、又は国籍を離脱する自由を有	② 何人も、外国に移住し、又は国籍を離脱する自由を侵され

うことを自覚し」という言葉まで付け加えています〈＊2〉。これと「公益及び公の秩序に反してはならない」という言葉が結びつくことで、今後は「公」・国家の論理により人権の制約を簡単に行なっていきますよということを強調することになります。

例えば、日本でも二〇〇一年の「九・一一事件」以降、「テロ対策」が進んでいます。そのような中で、入国審査時に外国人（特別永住者を除く）の指紋採取と写真撮影を行っています。国民に対しても、一九九〇年代からの「治安の悪化論」により、銀行やコンビニエンスストア、駅などに限らず、警察も街頭や道路に監視カメラを設置してきています〈＊3〉。これらは外国人・国民のプライヴァシー権や肖像権と衝突する問題なのに、適正な法的歯止めもなく進んでおり、このような流れにお墨付きを与え、助長するのが憲法改正草案のこの規定なのです。

将来の国民への権利保障の否定

憲法改正草案第一一条と第一三条には、修正としては小さいけれど、意味としては大きな変更があります。

まず、第一一条ですが、日本国憲法第一一条が「この憲法が国民に保障する基本的人権は、侵すことのできない永久の権利として、現在及び将来の国民に

＊2　「自由」とは野放しのこと？

法（憲法）的な知識が十分ない人は、「自由」を「何をやってもいいこと」と理解しているきらいがあるようです。しかし、憲法上の自由は、あらかじめ他人に迷惑をかけない・人権侵害をしない範囲でという内在的な制約があり、これが「公共の福祉」の考えにつながります。

＊3　必要なのは警察の規制

私たちは車を運転していればNシステム（自動車ナンバー自動読み取りシステム）で、街頭を歩いていれば街頭防犯カメラシステムで、警察によって令状もないのに一方的に顔写真を撮られています。警察による国民のプライヴァシー権・肖像権侵害に歯止めをかけるのが改憲より先に行うべきことです。

する。

（学問の自由）

第二十三条　学問の自由は、保障する。

（家族、婚姻等に関する基本原則）

第二十四条　**家族は、社会の自然かつ基礎的な単位として、尊重される。家族は、互いに助け合わなければならない。**

２　婚姻は、両性の合意に基づいて成立し、夫婦が同等の権利を有することを基本として、相互の協力により、維持されなければならない。

３　家族、扶養、後見、婚姻及び離婚、財産権、相続並びに親族に関するその他の事項に関しては、法律は、個人の尊厳と両性の本質的平等に立脚して、制定されなければならない。

（生存権等）

第二十五条　全て国民は、健康で文化的な最低限度の生活を営む権利を有する。

２　国は、国民生活のあらゆる側面において、社会福祉、社会保障及び公衆衛生の向上及び増進に努めなければならない。

（環境保全の責務）

第二十五条の二　国は、国民と協力して、国民が良好な環境を

ない。

第二十三条　学問の自由は、これを保障する。

〔新設〕

第二十四条　婚姻は、両性の合意のみに基いて成立し、夫婦が同等の権利を有することを基本として、相互の協力により、維持されなければならない。

②　配偶者の選択、財産権、相続、住居の選定、離婚並びに婚姻及び家族に関するその他の事項に関しては、法律は、個人の尊厳と両性の本質的平等に立脚して、制定されなければならない。

第二十五条　すべて国民は、健康で文化的な最低限度の生活を営む権利を有する。

②　国は、すべての生活部面について、社会福祉、社会保障及び公衆衛生の向上及び増進に努めなければならない。

〔新設〕

与へられる」と規定しているのに対して、単に「侵すことのできない永久の権利である」としました。日本国憲法が保障する人権は、人類がこれまでに獲得した到達点であって、将来もこれを崩してはならないということを意味します。しかし、憲法改正草案では人権の永久不可侵性を弱め、将来の国民には現在の国民と同じ人権が保障されない可能性を示しているのです〈＊4〉。

個人として尊重されることの否定

また、第一三条では、日本国憲法第一三条が「すべて国民は、個人として尊重される」と規定しているのに対して、「全て国民は、人として尊重される」に変えています。私たちは人間であって動物ではありませんから、国家によって「人」として尊重されるのは当たり前のことであり、あえて憲法に書くまでもありません。しかし、「個人」として尊重されなくなるということは、「人」として扱われても一人ひとりの個性・考えまでは尊重されなくなることを意味するのです〈＊5〉。

在住外国人の選挙権を否定

日本国憲法第一五条第三項の選挙権に関する規定は、「公務員の選挙については、成年者による普通選挙を保障する」としています。これに対して、憲法

＊4　将来の国民に保障されない権利

現在の国民に保障されていても、将来の憲法改正によって保障されなくなる可能性がある権利は、いくつも考えられるでしょう。憲法改正草案の他の条項から考えると、特に表現・結社の自由や生存権などが将来は保障されていないことを示唆する規定です。

＊5　個人として尊重されないこと

今でさえ、「出る杭は打たれる」「長い物には巻かれろ」という意識から抜け出せない、個人主義が確立していない日本。「人」として尊重されても、「個人」として尊重されないということは、日本でさらに集団主義が強まることを意味します。

享受することができるようにその保全に努めなければならない。	
（在外国民の保護） 第二十五条の三　国は、国外において緊急事態が生じたときは、在外国民の保護に努めなければならない。	〔新設〕
（犯罪被害者等への配慮） 第二十五条の四　国は、犯罪被害者及びその家族の人権及び処遇に配慮しなければならない。	〔新設〕
（教育に関する権利及び義務等） 第二十六条　全て国民は、法律の定めるところにより、その能力に応じて、等しく教育を受ける権利を有する。 2　全て国民は、法律の定めるところにより、その保護する子に普通教育を受けさせる義務を負う。義務教育は、無償とする。	第二十六条　すべて国民は、法律の定めるところにより、その能力に応じて、ひとしく教育を受ける権利を有する。 ②　すべて国民は、法律の定めるところにより、その保護する子女に普通教育を受けさせる義務を負ふ。義務教育は、これを無償とする。
3　国は、教育が国の未来を切り拓《ひら》く上で欠くことのできないものであることに鑑み、教育環境の整備に努めなければならない。	〔新設〕
（勤労の権利及び義務等）	

改正草案では「日本国籍を有する成年者」と、選挙権者を日本国民に限定しているのです。これに関しては、憲法改正草案の第九四条第二項の地方自治体における選挙権規定も同様です。

この在住外国人の参政権（選挙権・被選挙権）問題については、国民国家・国民主権の観点から、世界の国々でもニュージーランドのような国を除き、国政レベルで保障するのは難しいけれど、地方レベルではヨーロッパなどで一定の要件を満たした在住外国人にも保障してきています。こういう国では、日本人でも地方議員になる例があるのです。

日本でも学説では、憲法第九三条の地方選挙権者は国民ではなく住民となっており、地方自治法上住民には外国人も含まれることから、在住外国人の選挙権を認めるべきと考えるのが有力です。

最高裁判決（一九九五年二月二八日）も、立法政策により定住外国人に地方選挙権を認めることは禁止されていないとしました。すなわち、国会が最高裁判決を受けて法律さえ制定すれば、いつでも在住外国人に選挙権を認めることができるのです〈＊6〉。

しかし、憲法改正草案では正面から外国人の国政及び地方選挙権を否定しています。これは明らかに国際化の流れに反するもので、最高裁判決より後退しています。

＊6　在日コリアンと国政選挙権

このように、学説と最高裁判決は、一定の要件を満たした在住外国人の地方選挙権を認めるという立場に立っていますが、私はニューカマーを除く戦後日本にやって来た在日コリアンについては、国政選挙権も認めるべきではないかと考えています。それは、かつて朝鮮が日本の植民地とされ、戦前・戦中に日本に来た朝鮮人とその子どもたちなどが諸事情から戦後、朝鮮・韓国に帰らず日本に残っており、戦前の歴史から日本への帰化を望まないからです。このような在日コリアンも国民と同じように納税し、かといって朝鮮・韓国の国籍を有しているわけではなく、将来的にも日本で生活を続けていくのです。

第二十七条　全て国民は、勤労の権利を有し、義務を負う。
2　賃金、就業時間、休息その他の勤労条件に関する基準は、法律で定める。
3　何人も、児童を酷使してはならない。

（勤労者の団結権等）
第二十八条　勤労者の団結する権利及び団体交渉その他の団体行動をする権利は、保障する。
2　公務員については、全体の奉仕者であることに鑑み、法律の定めるところにより、前項に規定する権利の全部又は一部を制限することができる。この場合においては、公務員の勤労条件を改善するため、必要な措置が講じられなければならない。

（財産権）
第二十九条　財産権は、保障する。
2　財産権の内容は、**公益及び公の秩序**に適合するように、法律で定める。**この場合において、知的財産権については、国民の知的創造力の向上に資するように配慮しなければならない。**
3　私有財産は、正当な補償の下に、公共のために用いることができる。

（納税の義務）

第二十七条　すべて国民は、勤労の権利を有し、義務を負ふ。
②　賃金、就業時間、休息その他の勤労条件に関する基準は、法律でこれを定める。
③　児童は、これを酷使してはならない。

第二十八条　勤労者の団結する権利及び団体交渉その他の団体行動をする権利は、これを保障する。
〔新設〕

第二十九条　財産権は、これを侵してはならない。
②　財産権の内容は、公共の福祉に適合するやうに、法律でこれを定める。
③　私有財産は、正当な補償の下に、これを公共のために用ひることができる。

後退する人身の自由

日本国憲法の第一八条と第三一条から第四〇条までの人身の自由は、かつての奴隷制度を否定しているだけでなく、戦前の日本における特別高等警察のような逮捕・拷問などをもうさせないためにあるものです。

この人身の自由に関して憲法改正草案で気になるのは、まず、第一八条です。日本国憲法では、「何人も、いかなる奴隷的拘束も受けない」となっているのに、憲法改正草案では、「何人も、その意に反すると否とにかかわらず、社会的又は経済的関係において身体を拘束されない」となっています。後者の場合、「社会的又は経済的関係」に限定したということは、社会における不当な従属関係や人身売買などは許されないけれど、法的関係による戦争への動員（徴用）は許されるということになってしまいます〈*7〉。

次に、第三六条の公務員による拷問及び残虐な刑罰の禁止規定です。日本国憲法では「絶対にこれを禁ずる」としているのに、憲法改正草案ではこの「絶対」を削除しています。ということは、原則として拷問や残虐な刑罰は禁止するけれど、例外的に認めることもあると解釈できます。例えば、三七頁下段で触れたグァンタナモ米軍基地ですが、ここでは身柄を拘束された人たちは黙秘権が保障されず、拷問もあると聞きます。日本も将来、特定の人に対しては拷

＊7　将来、徴兵制はあるか?

将来、日本でも徴兵制が復活するのではないかという議論があります。しかし、私はないと思います。嫌々動員すると兵士の質が下がるし、武器を持たせるのは危険です。日本もアメリカのように格差が広がれば、志願制でも十分兵士は集まるからです。

＊8　残虐な刑罰と死刑

私は死刑は残虐な刑罰であり、憲法違反と考えます。しかし、世界ではヨーロッパを中心に約一四〇の国で死刑を廃止しているのに、日本は国民も多くが死刑に賛成している野蛮な人権後進国です。そんな国で例外的に残虐な刑罰を科すことを認めるのは危険です。

第三十条　国民は、法律の定めるところにより、納税の義務を負う。

（適正手続の保障）

第三十一条　何人も、法律の定める適正な手続によらなければ、その生命若しくは自由を奪われ、又はその他の刑罰を科せられない。

（裁判を受ける権利）

第三十二条　何人も、裁判所において裁判を受ける権利を有する。

（逮捕に関する手続の保障）

第三十三条　何人も、現行犯として逮捕される場合を除いては、裁判官が発し、かつ、理由となっている犯罪を明示する令状によらなければ、逮捕されない。

（抑留及び拘禁に関する手続の保障）

第三十四条　何人も、正当な理由がなく、若しくは理由を直ちに告げられることなく、又は直ちに弁護人に依頼する権利を与えられることなく、抑留され、又は拘禁されない。

第三十条　国民は、法律の定めるところにより、納税の義務を負ふ。

第三十一条　何人も、法律の定める手続によらなければ、その生命若しくは自由を奪はれ、又はその他の刑罰を科せられない。

第三十二条　何人も、裁判所において裁判を受ける権利を奪はれない。

第三十三条　何人も、現行犯として逮捕される場合を除いては、権限を有する司法官憲が発し、且つ理由となつてゐる犯罪を明示する令状によらなければ、逮捕されない。

第三十四条　何人も、理由を直ちに告げられ、且つ、直ちに弁護人に依頼する権利を与へられなければ、抑留又は拘禁されない。又、何人も、正当な理由がなければ、拘禁されず、要求があれば、その理由は、直ちに本人及びその弁護人の出席する公開の法廷で示されなければならない。

問や残虐な刑罰を科す可能性があるということです〈＊8〉。

権利と言えない「新しい権利もどき」

憲法改正草案には、いわゆる「新しい権利」を意識したと思われる規定もあります。具体的には、第一九条の二で、「何人も、個人に関する情報を不当に取得し、保有し、又は利用してはならない」と、第二一条の二で、「国は、国政上の行為につき国民に説明する責務を負う」と、第二五条の二で、「国は、国民と協力して、国民が良好な環境を享受することができるようにその保全に努めなければならない」と、第二五条の四で、「国は、犯罪被害者及びその家族の人権及び処遇に配慮しなければならない」と規定しています。

これらはプライヴァシー権、知る権利、環境権、犯罪被害者の権利を保障しているようにも見えます。実際に、自民党Q＆Aではこれらを「新しい人権」と説明しています〈＊9〉。

しかし、これらは権利が行使される側の客体の責務を規定したにすぎず、権利を行使する側の主体の規定ではありません。はっきりと誰の権利と書いているわけではありませんから、行政の場でも裁判の場でも使える権利にはなっていないのです。歴代の自民党政権は、前文の平和的生存権や第二五条の生存権など憲法に明示された権利でさえ十分保障してこなかったわけですから、これ

＊9　「新しい権利」の考え方

「新しい権利」と言われるプライヴァシー権、知る権利、環境権は、あえて憲法に明示しなくても憲法解釈から保障されると考えるのが学界の多数説です。その場合、プライヴァシー権は憲法第一三条の幸福追求権を、知る権利は第二一条の表現の自由を（表現するには知ることが必要なので）、環境権は第一三条の幸福追求権と第二五条の生存権を根拠規定と考えます。プライヴァシー権と知る権利については、裁判所も認めています。

一方で、憲法は国家と国民の関係を規定するのが原則ですから、国民間の関係にもなる「犯罪被害者の権利」は法律で整備するものです。

2 拘禁された者は、拘禁の理由を直ちに本人及びその弁護人の出席する公開の法廷で示すことを求める権利を有する。

（住居等の不可侵）

第三十五条 何人も、正当な理由に基づいて発せられ、かつ、捜索する場所及び押収する物を明示する令状によらなければ、住居その他の場所、書類及び所持品について、侵入、捜索又は押収を受けない。ただし、第三十三条の規定により逮捕される場合は、この限りでない。

2 前項本文の規定による捜索又は押収は、裁判官が発する各別の令状によって行う。

（拷問及び残虐な刑罰の禁止）

第三十六条 公務員による拷問及び残虐な刑罰は、禁止する。

（刑事被告人の権利）

第三十七条 全て刑事事件においては、被告人は、公平な裁判所の迅速な公開裁判を受ける権利を有する。

2 被告人は、全ての証人に対して審問する機会を十分に与えられる権利及び公費で自己のために強制的手続により証人を求める権利を有する。

3 被告人は、いかなる場合にも、資格を有する弁護人を依頼することができる。被告人が自らこれを依頼することができないときは、国でこれを付する。

第三十五条 何人も、その住居、書類及び所持品について、侵入、捜索及び押収を受けることのない権利は、第三十三条の場合を除いては、正当な理由に基いて発せられ、且つ捜索する場所及び押収する物を明示する令状がなければ、侵されない。

② 捜索又は押収は、権限を有する司法官憲が発する各別の令状により、これを行ふ。

第三十六条 公務員による拷問及び残虐な刑罰は、絶対にこれを禁ずる。

第三十七条 すべて刑事事件においては、被告人は、公平な裁判所の迅速な公開裁判を受ける権利を有する。

② 刑事被告人は、すべての証人に対して審問する機会を充分に与へられ、又、公費で自己のために強制的手続により証人を求める権利を有する。

③ 刑事被告人は、いかなる場合にも、資格を有する弁護人を依頼することができる。被告人が自らこれを依頼することができないときは、国でこれを附する。

ら「新しい人権」も改憲の正当化に利用されるだけです。

また、最近流行の「犯罪被害者の権利」については、これを憲法に規定することで、憲法が保障する被疑者・刑事被告人の権利が制約される危険性もあります。

政教分離原則の緩和

日本国憲法第二〇条の規定は、国民に信教の自由を保障し、その自由を支えるために国家と宗教を切り離すという政教分離も規定しています。世界でも政教分離を規定する国はいくつもありますが、特に日本は戦前、国家と神道が結びついて戦争を遂行した反省から、この規定は大事なのです。

しかし、憲法改正草案は第二〇条第三項で、「国及び地方自治体その他の公共団体は、特定の宗教のための教育その他の宗教的活動をしてはならない。ただし、社会的儀礼又は習俗的行為の範囲を超えないものについては、この限りでない」としました。これにより、政教分離原則は緩和され、首相の靖国神社公式参拝も可能になってしまうでしょう〈＊10〉。

特定「目的」の結社禁止へ

憲法改正草案の表現の自由規定については、新憲法草案にはなかった新たな

＊10　なぜ首相の靖国神社参拝が問題なのか

安倍首相は閣僚の靖国神社参拝に対する中国・韓国の批判に「脅かしには屈しない」と反発しましたが、憲法のみならず歴史に無知な反応に驚くばかりです。首相や閣僚が靖国神社に参拝するのは、ドイツの大統領や首相がヒトラーの墓参りをするようなもので、問題です。

（刑事事件における自白等）

第三十八条　何人も、自己に不利益な供述を強要されない。

２　拷問、脅迫その他の強制による自白又は不当に長く抑留され、若しくは拘禁された後の自白は、証拠とすることができない。

３　何人も、自己に不利益な唯一の証拠が本人の自白である場合には、有罪とされない。

（遡及処罰等の禁止）

第三十九条　何人も、実行の時に違法ではなかった行為又は既に無罪とされた行為については、刑事上の責任を問われない。同一の犯罪については、重ねて刑事上の責任を問われない。

（刑事補償を求める権利）

第四十条　何人も、抑留され、又は拘禁された後、裁判の結果無罪となったときは、法律の定めるところにより、国にその補償を求めることができる。

第三十八条　何人も、自己に不利益な供述を強要されない。

②　強制、拷問若しくは脅迫による自白又は不当に長く抑留若しくは拘禁された後の自白は、これを証拠とすることができない。

③　何人も、自己に不利益な唯一の証拠が本人の自白である場合には、有罪とされ、又は刑罰を科せられない。

第三十九条　何人も、実行の時に適法であつた行為又は既に無罪とされた行為については、刑事上の責任を問はれない。又、同一の犯罪について、重ねて刑事上の責任を問はれない。

第四十条　何人も、抑留又は拘禁された後、無罪の裁判を受けたときは、法律の定めるところにより、国にその補償を求めることができる。

規定が入っています。それは第二一条第二項で、「公益及び公の秩序を害することを目的とした活動を行い、並びにそれを目的として結社をすることは、認められない」という規定です。これは一見すると世間受けしそうですが、「公益及び公の秩序」が曖昧ですし、どのような機関がどのような基準で判断を行うのか定かでないし、特定の「目的」による結社を禁ずることは治安維持法に通じる発想があり、大変危険です〈＊11〉。

「公助」の後退と家族の強調

憲法改正草案の第二四条でも新憲法草案では断念した規定として、第一項に、「家族は、社会の自然かつ基礎的な単位として、尊重される。家族は、互いに助け合わなければならない」という規定を新たに入れています。ここでも国家が私的領域に口出しをしており、一三頁以下で触れた近代という価値観の否定問題があります。確かに、家族は道徳的には助け合わなければならない場合もあるでしょうが、それは憲法に書くものではありません。戦後、日本国憲法第二四条の下で、戦前の家長を頂点とする家制度の解体も目指したはずなのに、いまどき家族を強調するとは復古的とも言えます。

また、家族もいろいろです。仲のよい家族もあれば、そうでない家族もあります。ＤＶの被害を受け離婚したがっている妻に、それでも夫を助けろという

＊11　現在の公安警察も問題
　現在でも日本の公安警察は、「公共の安全」という観点から日本共産党や新左翼諸党派、右翼、朝鮮総連などを監視しています。これ自体問題ですが、憲法改正草案によりこれら結社の一部が「公益及び公の秩序」に反するとされ、存在できなくなる可能性もあります。

のは酷ではありませんか。子ども時代に虐待や育児放棄された人に、親も年を取ったのだから過去のことを忘れて助けろというのは酷ではありませんか。家族のあり方はそれぞれの家族が決めるものです。

さらにこの規定は、育児・介護については国家の役割（社会保障などの「公助」）を後退させ、家庭に押しつける考え（「自助」「共助」の強調）を政策として肯定する効果もあります。結局、多くの場合、女性がその役割を担わされることになると同時に、まさに、社会保障費を削減する新自由主義改革に適合的な規定でもあるのです〈＊12〉。

在外国民の保護を言うが

憲法改正草案第二五条の三には、「国は、国外において緊急事態が生じたときは、在外国民の保護に努めなければならない」という新たな規定を置いています。これは三五頁でも述べた通り、在外邦人保護のために国防軍を国外に展開するための根拠規定にもなります。一方で、「努めなければならない」としていますから、二〇〇四年に発生したイラク日本人人質事件のような場合には、「自己責任」として救出を怠る可能性もあります。

＊12　二二条の「公共の福祉」削除の意味

憲法改正草案は全体的に復古色が前面に出ていますが、新自由主義改革に適合的な規定もあります。一つは上記で説明した二四条ですが、二二条もそうです。二二条は居住、移転及び職業選択の自由を保障した規定ですが、日本国憲法では「公共の福祉」による制約を受けるのに、憲法改正草案ではこの「公共の福祉」という文言を削り、「公益及び公の秩序」によっても制約しないとしたのです。憲法二二条には明示していませんが、この規定から営業の自由が保障されます。営業の自由に制約を課さないということは、独占企業も野放しになる弱肉強食の自由な経済活動を保障することになってしまうのです。

公務員の労働基本権の制限

日本国憲法第二八条は、労働者の団結権（労働者が労働条件の改善などについて活動するための労働組合などを結成する権利）、団体交渉権（労働組合などが労働条件について使用者と交渉する権利）、団体行動権（団体交渉を進めるに当たってストライキなどの行動をとる権利）という労働基本権〈＊13〉を保障しています。

憲法改正草案ではこれに第二項として、「公務員については、全体の奉仕者であることに鑑み、法律の定めるところにより、前項に規定する権利の全部又は一部を制限することができる」という規定を加えています。現在、憲法上では公務員も労働基本権が保障されるはずですが、国家公務員法と地方公務員法などによって、大幅に制限されています。憲法改正草案は公務員の労働基本権の制限を憲法上正当化しようとするものですが、問題なのは公務員の労働基本権を制限する現在の日本の状況の方です。

＊13　世界の公務員の労働基本権
新聞やテレビの報道で、欧米の公務員（一般行政職に限らず、警察官や裁判官も）は組合を作って、集会やデモ行進、ストライキまで行うことはご存じだと思います（国によって、公務員の種類によって、行使できる労働基本権も異なりますが）。そもそも、フランス革命やロシア革命、東西ドイツの統一、「アラブの春」など、公務員に限らず人々の集会やデモ行進が時に歴史を進歩させてきました。
日本では、戦後の占領時代に公務員労働運動の拡大を恐れたＧＨＱの意向で、政令によって公務員の労働基本権が制限され、その後、公務員法などに引き継がれたのです。公務員も労働者なのに労働基本権を制限していること自体問題があるのに、最高裁もこれを肯定してきました。これから必要なのは、公務員にも欧米並みに労働基本権を認めることであって、憲法で制限を正当化することではありません。

第四章　国　会

第四章　国会

（国会と立法権）

第四十一条　国会は、国権の最高機関であって、国の唯一の立法機関である。

（両議院）

第四十二条　国会は、衆議院及び参議院の両議院で構成する。

（両議院の組織）

第四十三条　両議院は、全国民を代表する選挙された議員で組織する。

2　両議院の議員の定数は、法律で定める。

（議員及び選挙人の資格）

第四十四条　両議院の議員及びその選挙人の資格は、法律で定める。この場合においては、人種、信条、性別、**障害の有無**、社会的身分、門地、教育、財産又は収入によって差別してはならない。

（衆議院議員の任期）

第四十五条　衆議院議員の任期は、四年とする。ただし、衆議院が解散された場合には、その期間満了前に終了する。

第四章　国会

第四十一条　国会は、国権の最高機関であつて、国の唯一の立法機関である。

第四十二条　国会は、衆議院及び参議院の両議院でこれを構成する。

第四十三条　両議院は、全国民を代表する選挙された議員でこれを組織する。

②　両議院の議員の定数は、法律でこれを定める。

第四十四条　両議院の議員及びその選挙人の資格は、法律でこれを定める。但し、人種、信条、性別、社会的身分、門地、教育、財産又は収入によつて差別してはならない。

第四十五条　衆議院議員の任期は、四年とする。但し、衆議院解散の場合には、その期間満了前に終了する。

自民党を勝たせてきた選挙制度の追認

憲法改正草案第四七条では、日本国憲法の同条項にはない規定として、「各選挙区は、人口を基本とし、行政区画、地勢等を総合的に勘案して定めなければならない」という文言を付け加えています。自民党Q＆Aによれば、これは衆議院議員選挙区画定審議会設置法第三条にあわせたものです。「各選挙区は、人口を基本」とするので、自民党が考える選挙制度というのは、人口を基本に選挙区を分ける必要のない比例代表制ではなく、かつての中選挙区制も不可能ではないとはいえ、現行法の立場から小選挙区制を基本に考えていると読めます。

また、「基本とし」ですから、「行政区画、地勢等を総合的に勘案」すれば、多少の定数不均衡は許されるとも読めます。今年（二〇一三年）に入って、衆議院における一票の格差を巡る裁判で、全国各地の高等裁判所は違憲状態判決または違憲判決、さらには無効判決まで出し、合憲判決を出していないことから、裁判所が定数是正を怠る立法府に強く苛立っていることが感じられます。

しかし、自民党は徹底的に格差をなくすための定数是正をする気はなく、今年の通常国会でも「〇増五減」という小手先の定数是正ですませました。ましてや全面的に比例代表制を導入する気がないということが、この憲法改正草案

（参議院議員の任期）

第四十六条　参議院議員の任期は、六年とし、三年ごとに議員の半数を改選する。

（選挙に関する事項）

第四十七条　選挙区、投票の方法その他両議院の議員の選挙に関する事項は、法律で定める。**この場合においては、各選挙区は、人口を基本とし、行政区画、地勢等を総合的に勘案して定めなければならない。**

（両議院議員兼職の禁止）

第四十八条　何人も、同時に両議院の議員となることはできない。

（議員の歳費）

第四十九条　両議院の議員は、法律の定めるところにより、国庫から相当額の歳費を受ける。

（議員の不逮捕特権）

第五十条　両議院の議員は、法律の定める場合を除いては、国会の会期中逮捕されず、会期前に逮捕された議員は、その議院の要求があるときは、会期中釈放しなければならない。

第四十六条　参議院議員の任期は、六年とし、三年ごとに議員の半数を改選する。

第四十七条　選挙区、投票の方法その他両議院の議員の選挙に関する事項は、法律でこれを定める。

第四十八条　何人も、同時に両議院の議員たることはできない。

第四十九条　両議院の議員は、法律の定めるところにより、国庫から相当額の歳費を受ける。

第五十条　両議院の議員は、法律の定める場合を除いては、国会の会期中逮捕されず、会期前に逮捕された議員は、その議院の要求があれば、会期中これを釈放しなければならない。

から推測できます。

確かに、この憲法改正草案はまだ民主党政権の時に作成されたものですが、昨年（二〇一二年）一二月の総選挙がまさにそうであるように、自民党は小選挙区選挙では約四割の得票で約八割の議席を得ます。自民党大勝の大きな要因に、選挙制度に助けられたということがあります。また、特に自民党はこれまでも都市部よりは地方で強く、定数不均衡が自民党を救っていた側面もあります。だから自民党は今の選挙制度を大きく変えたくないのでしょうが、憲法論を持ち出すまでもなく、選挙の公平性という観点からしても、現状肯定ではいけないでしょう〈＊1〉。

衆議院の解散権は内閣総理大臣に

日本国憲法では、衆議院の解散については第六九条で、内閣の不信任決議案が可決されるか、信任決議案が否決された時に、「衆議院が解散されない限り」、内閣が総辞職するとし、解散決定の主体を明記していません。そこで学界でも、決定主体は内閣なのか衆議院なのか、解散は六九条の場合だけなのか否かで、学説が分かれています〈＊2〉。

このような現状も受けてのことだと思いますが、憲法改正草案第五四条第一項には、「衆議院の解散は、内閣総理大臣が決定する」という規定を新たに入

＊1　憲法上望ましい選挙制度とは
世界の国々では、例えばアメリカ・イギリスの小選挙区制、多くのヨーロッパ諸国での比例代表制など、国によって選挙制度もそれぞれで、政治的に決定されるものです。とはいえ憲法論としては、国民の民意の忠実な反映を求める代表論があり（これを「社会学的代表論」と言います）、この考えから望ましい選挙制度は比例代表制になります。ただ、比例代表制が世界で普遍的な選挙制度になっているわけではないので、小選挙区制＝違憲とまでは言えませんが、衆議院で小選挙区比例代表並立制を採用しながら、比例代表部分を減らすのは問題でしょう。私は社会学的代表論の観点から、小選挙区選挙部分をなくした比例代表制一本の制度を採用するのが、より憲法上望ましいと思います。

（議員の免責特権）
第五十一条　両議院の議員は、議院で行った演説、討論又は表決について、院外で責任を問われない。

（通常国会）
第五十二条　通常国会は、毎年一回召集される。
2　**通常国会の会期は、法律で定める。**

（臨時国会）
第五十三条　内閣は、臨時国会の召集を決定することができる。いずれかの議院の総議員の四分の一以上の要求があったときは、**要求があった日から二十日以内に臨時国会が召集され**なければならない。

（衆議院の解散と衆議院議員の総選挙、特別国会及び参議院の緊急集会）
第五十四条　**衆議院の解散は、内閣総理大臣が決定する。**
2　衆議院が解散されたときは、解散の日から四十日以内に、衆議院議員の総選挙を行い、その選挙の日から三十日以内に、特別国会が召集されなければならない。
3　衆議院が解散されたときは、参議院は、同時に閉会となる。ただし、内閣は、国に緊急の必要があるときは、参議院の緊急集会を求めることができる。

第五十一条　両議院の議員は、議院で行つた演説、討論又は表決について、院外で責任を問はれない。

第五十二条　国会の常会は、毎年一回これを召集する。
〔新設〕

第五十三条　内閣は、国会の臨時会の召集を決定することができる。いづれかの議院の総議員の四分の一以上の要求があれば、内閣は、その召集を決定しなければならない。

〔新設〕
第五十四条　衆議院が解散されたときは、解散の日から四十日以内に、衆議院議員の総選挙を行ひ、その選挙の日から三十日以内に、国会を召集しなければならない。
②　衆議院が解散されたときは、参議院は、同時に閉会となる。但し、内閣は、国に緊急の必要があるときは、参議院の緊急集会を求めることができる。

れています。これにより、第五章とも関連しますが、衆議院の解散を決定する主体の比重が一気に衆議院から内閣も飛び越えて内閣総理大臣に移り、内閣総理大臣（首相）の権限を憲法上強化することになります。

少数で議事開催が可能に

両議院の議事開催定足数と表決について、日本国憲法では第五六条第一項で両議院の議事開催の定足数を総議員の三分の一以上とし、第二項で表決要件を出席議員の過半数としています。

以下の文章は、条文を見ながらじっくり考えないとわかりづらいと思いますので、ご注意下さい。

この日本国憲法の規定に対して憲法改正草案では、第一項にこの日本国憲法の第二項の規定を持ってきて、第二項に日本国憲法の第一項の規定を持ってくるのですが、その際に両議院の議事開催の定足数をなくしています。すなわち、議事開催に関する文言を削除することにより、総議員の三分の一以上の出席がなくても議事開催自体は可能になるのです。もちろん、議決の時は三分の一以上の出席の要件をクリアしなければなりませんが、これでは少数の出席だけで審議が可能になってしまいます。

＊2　衆議院の解散について

立憲君主制下における議会の解散は、民選議会に対する国王の懲罰的な意味もありました。しかし、国民主権下における議会の解散は、政府と議会が対立したり、重要な政治問題に直面した場合などに、主権者国民に直接民意を問うという意味があります。

日本の場合、世間では衆議院の解散を決めるのは内閣総理大臣であると思われているようですが、日本国憲法には上で述べたように衆議院解散の決定主体を明記していません。現代の日本は天皇主権ではないし、大統領個人に強い権限がある大統領制でもなく、議院内閣制を採用していることから、安易な内閣総理大臣の権限強化は控えるべきでしょう。

4　前項ただし書の緊急集会において採られた措置は、臨時のものであって、次の国会開会の後十日以内に、衆議院の同意がない場合には、その効力を失う。

（議員の資格審査）

第五十五条　両議院は、各々その議員の資格に関し争いがあるときは、これについて審査し、議決する。ただし、議員の議席を失わせるには、出席議員の三分の二以上の多数による議決を必要とする。

（表決及び定足数）

第五十六条　両議院の議事は、この憲法に特別の定めのある場合を除いては、出席議員の過半数で決し、可否同数のときは、議長の決するところによる。

2　**両議院の議決は、各々その総議員の三分の一以上の出席がなければすることができない。**

（会議及び会議録の公開等）

第五十七条　両議院の会議は、公開しなければならない。ただし、出席議員の三分の二以上の多数で議決したときは、秘密会を開くことができる。

2　両議院は、各々その会議の記録を保存し、秘密会の記録の中で特に秘密を要すると認められるものを除き、これを公表

---

③　前項但書の緊急集会において採られた措置は、臨時のものであつて、次の国会開会の後十日以内に、衆議院の同意がない場合には、その効力を失ふ。

第五十五条　両議院は、各々その議員の資格に関する争訟を裁判する。但し、議員の議席を失はせるには、出席議員の三分の二以上の多数による議決を必要とする。

第五十六条　両議院は、各々その総議員の三分の一以上の出席がなければ、議事を開き議決することができない。

②　両議院の議事は、この憲法に特別の定のある場合を除いては、出席議員の過半数でこれを決し、可否同数のときは、議長の決するところによる。

第五十七条　両議院の会議は、公開とする。但し、出席議員の三分の二以上の多数で議決したときは、秘密会を開くことができる。

②　両議院は、各々その会議の記録を保存し、秘密会の記録の中で特に秘密を要すると認められるもの以外は、これを公表

首相・大臣不在で国会審議可能に

日本国憲法第六三条では、「内閣総理大臣その他の国務大臣は、……何時でも議案について発言するため議院に出席することができる。又、答弁又は説明のため出席を求められたときは、出席しなければならない」と規定しています。これについて憲法改正草案は、「ただし、職務の遂行上特に必要がある場合は、この限りでない」という文言を付け加えました。この意図について自民党Q＆Aでは、「特に外務大臣などは重要な外交日程があることが多く、国会に拘束されることで国益が損なわれないようにするという配慮から置いたものです」と説明しています。

確かに、一理ありそうな説明ですが、本当にこれでいいのでしょうか。三権分立の下、行政府は立法府が制定した法律を粛々と執行するのが基本です。三権分立といっても、権力分立が徹底している大統領制（行政府の長である大統領と立法府の構成員である議員を国民が別々に選挙で選んでいるため）と、権力分立が大統領制ほど徹底していない議院内閣制（ここでは日本の事例から説明しますが、国民が選挙で選べるのは国会の構成員だけで、行政府の内閣は国会の信任で成立し、内閣総理大臣を国会議員の中から国会の議決で指名し、国務大臣の過半数を国会議員から選び、内閣は国会に対して連帯して責任を負うため）とに分かれま

し、かつ、一般に頒布しなければならない。

3　出席議員の五分の一以上の要求があるときは、各議員の表決を会議録に記載しなければならない。

（役員の選任並びに議院規則及び懲罰）

第五十八条　両議院は、各々その議長その他の役員を選任する。

2　両議院は、各々その会議その他の手続及び内部の規律に関する規則を定め、並びに院内の秩序を乱した議員を懲罰することができる。ただし、議員を除名するには、出席議員の三分の二以上の多数による議決を必要とする。

（法律案の議決及び衆議院の優越）

第五十九条　法律案は、この憲法に特別の定めのある場合を除いては、両議院で可決したとき法律となる。

2　衆議院で可決し、参議院でこれと異なった議決をした法律案は、衆議院で出席議員の三分の二以上の多数で再び可決したときは、法律となる。

3　前項の規定は、法律の定めるところにより、衆議院が両議院の協議会を開くことを求めることを妨げない。

4　参議院が、衆議院の可決した法律案を受け取った後、国会休会中の期間を除いて六十日以内に、議決しないときは、衆議院は、参議院がその法律案を否決したものとみなすことができる。

し、且つ一般に頒布しなければならない。

③　出席議員の五分の一以上の要求があれば、各議員の表決は、これを会議録に記載しなければならない。

第五十八条　両議院は、各々その議長その他の役員を選任する。

②　両議院は、各々その会議その他の手続及び内部の規律に関する規則を定め、又、院内の秩序をみだした議員を懲罰することができる。但し、議員を除名するには、出席議員の三分の二以上の多数による議決を必要とする。

第五十九条　法律案は、この憲法に特別の定のある場合を除いては、両議院で可決したとき法律となる。

②　衆議院で可決し、参議院でこれと異なつた議決をした法律案は、衆議院で出席議員の三分の二以上の多数で再び可決したときは、法律となる。

③　前項の規定は、法律の定めるところにより、衆議院が、両議院の協議会を開くことを求めることを妨げない。

④　参議院が、衆議院の可決した法律案を受け取つた後、国会休会中の期間を除いて六十日以内に、議決しないときは、衆議院は、参議院がその法律案を否決したものとみなすことができる。

す。大統領制と違って行政府が立法府に対して連帯責任を負う議院内閣制の場合、内閣総理大臣と国務大臣は国会に出席して、国政に関する説明責任がより強く求められるのではないでしょうか〈＊3〉。

今後、政党規制か？

憲法改正草案第六四条の二として、第一項で、「国は、政党が議会制民主主義に不可欠の存在であることに鑑み、その活動の公正の確保及びその健全な発展に努めなければならない」とし、第三項で、「政党に関する事項は、法律で定める」としています。これに関して自民党Q＆Aには、「憲法にこうした規定を置くことにより、政党助成や政党法制定の根拠になると考えます。政党法の制定に当たっては、党内民主主義の確立、収支の公開などが焦点になるものと考えられます」という説明があります。

この政党に関して、かつてトリーペルという学者が、国家の政党に対する姿勢の発展を論じ、①敵視、②無視、③承認及び合法化、④憲法的編入の四段階で説明しました。

この分類によると、日本でも明治期に、自由民権運動から誕生した自由党の急進派に対する弾圧や、帝国議会開設後の反政府派の民党に対する選挙干渉がありましたが、日清戦争後の政府と政党との接近を見ればわかるように、①や

＊3　外交権は内閣の判断だけで行使できるのか

日本国憲法第七三条は内閣の職務を規定したもので、第二号に「外交関係を処理すること」、第三号に「条約を承認すること」と規定しています。この第三号では、条約の承認に事前事後の国会の承認を必要としており（憲法第六一条でも条約締結の際の国会の承認の規定があります）、内閣が自由に条約を締結できるわけではありません。

確かに、外交については国会の関与が規定されていませんが、国会は国民の代表機関であり（憲法第四三条）、内閣が国会に対して連帯責任を負う議院内閣制の性格から考えても、内閣が国会を無視して自由な外交をすべきではないでしょう。上記自民党Q＆Aの姿勢は、「国益」を理由に外交問題については国会軽視を助長する危険性があります。

（予算案の議決等に関する衆議院の優越）

第六十条　予算案は、先に衆議院に提出しなければならない。

２　予算案について、参議院で衆議院と異なった議決をした場合において、法律の定めるところにより、両議院の協議会を開いても意見が一致しないとき、又は参議院が、衆議院の可決した予算案を受け取った後、国会休会中の期間を除いて三十日以内に、議決しないときは、衆議院の議決を国会の議決とする。

（条約の承認に関する衆議院の優越）

第六十一条　条約の締結に必要な国会の承認については、前条第二項の規定を準用する。

（議院の国政調査権）

第六十二条　両議院は、各々国政に関する調査を行い、これに関して、証人の出頭及び証言並びに記録の提出を要求することができる。

（内閣総理大臣等の議院出席の権利及び義務）

第六十三条　内閣総理大臣及びその他の国務大臣は、議案について発言するため両議院に出席することができる。

第六十条　予算は、さきに衆議院に提出しなければならない。

②　予算について、参議院で衆議院と異なつた議決をした場合に、法律の定めるところにより、両議院の協議会を開いても意見が一致しないとき、又は参議院が、衆議院の可決した予算を受け取つた後、国会休会中の期間を除いて三十日以内に、議決しないときは、衆議院の議決を国会の議決とする。

第六十一条　条約の締結に必要な国会の承認については、前条第二項の規定を準用する。

第六十二条　両議院は、各々国政に関する調査を行ひ、これに関して、証人の出頭及び証言並びに記録の提出を要求することができる。

第六十三条　内閣総理大臣その他の国務大臣は、両議院の一に議席を有すると有しないとにかかはらず、何時でも議案について発言するため議院に出席することができる。又、答弁又は説明のため出席を求められたときは、出席しなければならない。

②から③に進みます。一方、現在のドイツやフランスは憲法で政党を位置づけているため、④の段階にあると言えます。

では、現在の日本はどうかと言えば、政党に助成をするための政党助成法はありますが、憲法に政党の規定がないため、まだ③の段階と言えます。憲法改正草案はこれを④の段階に持って行こうとしているのです。

しかし、ドイツやフランス（実際には広く欧米で）の国民の多くは、支持政党がはっきりと決まっており、社会の中での政党の果たす役割も大きい国です。それに対して、日本の場合は昔から多くの国民は政党とは一歩距離を置き、社会の中に政党がしっかりと根付いているというわけでもありません。そのため、日本国憲法の下で政党を憲法上位置づけると、第二一条の結社の自由に基づき結成された私的団体にとどまるのです。欧米とは政党観や政党の役割が異なる日本においては、政党法なるものを制定し、国家が政党に介入するのは時期尚早ではないでしょうか〈＊４〉。

＊４　西ドイツでは政党が違憲に

ドイツの憲法（基本法）は第二一条に政党条項があり、第一項で、「政党の結成は自由である」としつつ、第二項で、「自由で民主的な基本秩序を侵害もしくは除去し、またはドイツ連邦共和国の存立を危うくすることを目指すものは、違憲である」としています。これはナチス支配を経験したドイツならではの規定ですが、冷戦下の東西ドイツ分裂という政治状況もあり、一九五〇年代の西ドイツでは、右翼政党の社会主義国家党と左翼政党のドイツ共産党が連邦憲法裁判所によって違憲と判断されました。

今回の憲法改正草案は、先にも指摘したように、第二一条第二項で「公益及び公の秩序」を害する結社を禁止しているため、今後新たな政党規制が行われる危険性があり、西ドイツの事例は他人事ではありません。

2 内閣総理大臣及びその他の国務大臣は、答弁又は説明のため議院から出席を求められたときは、出席しなければならない。**ただし、職務の遂行上特に必要がある場合は、この限りでない。**

（弾劾裁判所）

第六十四条　国会は、罷免の訴追を受けた裁判官を裁判するため、両議院の議員で組織する弾劾裁判所を設ける。

2 弾劾に関する事項は、法律で定める。

（政党）

第六十四条の二　国は、政党が議会制民主主義に不可欠の存在であることに鑑み、その活動の公正の確保及びその健全な発展に努めなければならない。

2 政党の政治活動の自由は、保障する。

3 前二項に定めるもののほか、政党に関する事項は、法律で定める。

第六十四条　国会は、罷免の訴追を受けた裁判官を裁判するため、両議院の議員で組織する弾劾裁判所を設ける。

② 弾劾に関する事項は、法律でこれを定める。

〔新設〕

第五章　内閣

第五章　内閣

（内閣と行政権）

第六十五条　行政権は、**この憲法に特別の定めのある場合を除き**、内閣に属する。

（内閣の構成及び国会に対する責任）

第六十六条　内閣は、法律の定めるところにより、その首長である内閣総理大臣及びその他の国務大臣で構成する。

2　内閣総理大臣及び全ての国務大臣は、**現役の軍人であってはならない**。

3　内閣は、行政権の行使について、国会に対し連帯して責任を負う。

（内閣総理大臣の指名及び衆議院の優越）

第六十七条　内閣総理大臣は、国会議員の中から国会が指名する。

2　国会は、他の全ての案件に先立って、内閣総理大臣の指名を行わなければならない。

3　衆議院と参議院とが異なった指名をした場合において、法律の定めるところにより、両議院の協議会を開いても意見が一致しないとき、又は衆議院が指名をした後、国会休会中の

第五章　内閣

第六十五条　行政権は、内閣に属する。

第六十六条　内閣は、法律の定めるところにより、その首長たる内閣総理大臣及びその他の国務大臣でこれを組織する。

②　内閣総理大臣その他の国務大臣は、文民でなければならない。

③　内閣は、行政権の行使について、国会に対し連帯して責任を負ふ。

第六十七条　内閣総理大臣は、国会議員の中から国会の議決で、これを指名する。この指名は、他のすべての案件に先だつて、これを行ふ。

②　衆議院と参議院とが異なつた指名の議決をした場合に、法律の定めるところにより、両議院の協議会を開いても意見が一致しないとき、又は衆議院が指名の議決をした後、国会休

後退する文民条項

まず、内閣の規定については、第九条の改正にあわせて、新憲法草案にはなかった規定が第六六条第二項に入りました。日本国憲法第六六条第二項では、「内閣総理大臣その他の国務大臣は、文民でなければならない」としているのに対して、憲法改正草案では、「現役の軍人であってはならない」に変えたのです。

これまでの学界の議論では、この「文民」の意味について、①現在軍人でない者、②かつて軍人でなかった者、③現在軍人でない者とかつて軍人でなかった者、という三つの捉え方があります。素直に条文解釈すれば、①の考え方が妥当と思われます。しかし、日本国憲法はかつての戦争を反省して制定されたことから、憲法制定当初は戦前の軍人経験者を排除する②の考え方の方がよかったのでしょう。さらに、憲法の下で再軍備が行われ、政府は自衛隊を憲法上保持が禁止されている軍隊ではないと解釈しますが、他国から見れば軍隊であることからも、自衛官も文民ではないと捉え、学界では③の考え方が有力になっています。

これに対して政府解釈では、「文民」を軍国主義的思想の強くない者と捉えることで、自民党政権も実際に中谷元氏のような元自衛官を大臣（防衛庁長官）

期間を除いて十日以内に、参議院が指名をしないときは、衆議院の指名を国会の指名とする。

（国務大臣の任免）

第六十八条　内閣総理大臣は、国務大臣を任命する。この場合においては、その過半数は、国会議員の中から任命しなければならない。

2　内閣総理大臣は、任意に国務大臣を罷免することができる。

（内閣の不信任と総辞職）

第六十九条　内閣は、衆議院が不信任の決議案を可決し、又は信任の決議案を否決したときは、十日以内に衆議院が解散されない限り、総辞職をしなければならない。

（内閣総理大臣が欠けたとき等の内閣の総辞職等）

第七十条　内閣総理大臣が欠けたとき、又は衆議院議員の総選挙の後に初めて国会の召集があったときは、内閣は、総辞職をしなければならない。

2　内閣総理大臣が欠けたとき、その他これに準ずる場合として法律で定めるときは、内閣総理大臣があらかじめ指定した国務大臣が、臨時に、その職務を行う。

（総辞職後の内閣）

会中の期間を除いて十日以内に、参議院が、指名の議決をしないときは、衆議院の議決を国会の議決とする。

第六十八条　内閣総理大臣は、国務大臣を任命する。但し、その過半数は、国会議員の中から選ばれなければならない。

②　内閣総理大臣は、任意に国務大臣を罷免することができる。

第六十九条　内閣は、衆議院で不信任の決議案を可決し、又は信任の決議案を否決したときは、十日以内に衆議院が解散されない限り、総辞職をしなければならない。

第七十条　内閣総理大臣が欠けたとき、又は衆議院議員総選挙の後に初めて国会の召集があつたときは、内閣は、総辞職をしなければならない。

〔新設〕

にしました。この憲法改正案は、これまでの学界での議論を無視して、元自衛官（憲法改正草案が成立したなら、「元国防軍人」）を正面から首相及び大臣にすることを可能にしてしまうのです〈＊1〉。

首相の権限強化へ

次に、内閣総理大臣（首相）の職務についてですが、日本国憲法第七二条では、「内閣総理大臣は、内閣を代表して議案を国会に提出し、一般国務及び外交関係について国会に報告し、並びに行政各部を指揮監督する」と規定することで、まずは首相は内閣を代表する存在であり、代表者として指揮監督権があることを確認しています。

これに対して憲法改正草案では、議案の国会への提出と一般国務及び外交関係の国会への報告は同じですが、行政各部の指揮監督権さらに総合調整権と、国防軍の統括権を与え、六七頁以下で説明した衆議院の解散を首相の権限にしています（行政各部の総合調整権は新憲法草案と同じですが、新憲法草案では第九条の二にあった最高指揮官としての軍隊の統括権を第七二条に持ってきています）。

この点について自民党Q＆Aでは、「内閣総理大臣は、……そのリーダーシップをより発揮できるよう、今回の草案では、内閣総理大臣が、内閣（閣議）に諮らないでも、自分一人で決定できる『専権事項』を、……3つ設けまし

＊1　文民統制について

戦前の日本には、軍部大臣現役武官制（陸軍大臣・海軍大臣を現役の軍人から任命する制度）があり、これにより内閣は軍の影響を強く受け、先の戦争に突入しました。その反省が日本国憲法の前文・第九条とこの文民制度という形で現れています。

確かに、平和憲法の下で日本には自衛隊が存在しますが、文民統制（軍事に関する権限を文民である大臣が統制する制度。シビリアン・コントロール）の考え方の下、自衛隊は統制されています。特に戦争体験のない「軍事オタク」の文民が首相や大臣になることは怖いですが、元軍人が首相や大臣になることも怖いことです。

第七十一条　前二条の場合には、内閣は、新たに内閣総理大臣が任命されるまでの間は、引き続き、その職務を行う。

（内閣総理大臣の職務）

第七十二条　内閣総理大臣は、行政各部を**指揮監督し、その総合調整を行う**。

2　内閣総理大臣は、内閣を代表して、議案を国会に提出し、並びに一般国務及び外交関係について国会に報告する。

3　内閣総理大臣は、最高指揮官として、国防軍を統括する。

（内閣の職務）

第七十三条　内閣は、他の一般行政事務のほか、次に掲げる事務を行う。

一　法律を誠実に執行し、国務を総理すること。

二　外交関係を処理すること。

三　条約を締結すること。ただし、事前に、やむを得ない場合は事後に、国会の承認を経ることを必要とする。

四　法律の定める基準に従い、国の公務員に関する事務をつかさどること。

五　**予算案及び法律案**を作成して国会に提出すること。

六　法律の規定に基づき、政令を制定すること。ただし、政令には、特にその法律の委任がある場合を除いては、**義務**

第七十一条　前二条の場合には、内閣は、あらたに内閣総理大臣が任命されるまで引き続きその職務を行ふ。

第七十二条　内閣総理大臣は、内閣を代表して議案を国会に提出し、一般国務及び外交関係について国会に報告し、並びに行政各部を指揮監督する。

〔新設〕

〔新設〕

第七十三条　内閣は、他の一般行政事務の外、左の事務を行ふ。

一　法律を誠実に執行し、国務を総理すること。

二　外交関係を処理すること。

三　条約を締結すること。但し、事前に、時宜によつては事後に、国会の承認を経ることを必要とする。

四　法律の定める基準に従ひ、官吏に関する事務を掌理すること。

五　予算を作成して国会に提出すること。

六　この憲法及び法律の規定を実施するために、政令を制定すること。但し、政令には、特にその法律の委任がある場た」と説明しており、首相の権限強化のためにこのような規定を置いたとしています〈＊2〉。

ここに出てくる、「指揮監督」と「総合調整」という言葉も気になります。日本国憲法の下で一九四七年に内閣法が制定され、この第六条で、「内閣総理大臣は、閣議にかけて決定した方針に基いて、行政各部を指揮監督する」としています。すなわち、現行法における首相の指揮監督権は、閣議によって制約されるのです。

これが二〇〇一年になると、行政改革の一環として中央省庁等改革基本法が制定され、この中の第二章がまさに「内閣機能の強化」という表題になっています。そして、この第二章の第一〇条で、内閣に首相を長とし、内閣官房を助けて国政上重要な具体的事項に関する企画立案及び総合調整を行う内閣府設置の規定を置いています。

また、二〇〇三年に制定された有事法制の一つである武力攻撃事態法には、第一四条で、武力攻撃事態等（有事など）には武力攻撃事態等対策本部長（基本的には首相）に、国や自治体、民間企業などの有事の際の措置に関する総合調整権を与えています。

この点から考えてみても、この「総合調整権」は指揮監督権のような制約がない権限であることがわかります。憲法改正草案は、首相の権限強化が狙いで

＊2　中曽根康弘首相が目指した「大統領的首相」とは

一九八〇年代に中曽根首相は、イギリスのサッチャー首相のような「大統領的首相」になりたいと発言しました。大統領制を導入するには憲法改正が必要ですし、憲法上大統領が元首になるのは困るので（天皇を元首として扱いたいので）、現行憲法内で「大統領的首相」としたのです。意図はもちろん、内閣全体での意思決定ではなく、トップダウンで首相が物事を決定するためです。

この中曽根政権の時に、行政改革推進審議会の「内閣の総合調整機能の在り方」という答申を受けて、内閣よりは少数の閣僚だけで緊急事態に対処するための安全保障会議を一九八六年に設置しました。

を課し、又は権利を制限する規定を設けることができない。

七　大赦、特赦、減刑、刑の執行の免除及び復権を決定すること。

（法律及び政令への署名）

第七十四条　法律及び政令には、全て主任の国務大臣が署名し、内閣総理大臣が連署することを必要とする。

（国務大臣の不訴追特権）

第七十五条　国務大臣は、その在任中、内閣総理大臣の同意がなければ、公訴を提起されない。ただし、国務大臣でなくなった後に、公訴を提起することを妨げない。

合を除いては、罰則を設けることができない。

七　大赦、特赦、減刑、刑の執行の免除及び復権を決定すること。

第七十四条　法律及び政令には、すべて主任の国務大臣が署名し、内閣総理大臣が連署することを必要とする。

第七十五条　国務大臣は、その在任中、内閣総理大臣の同意がなければ、訴追されない。但し、これがため、訴追の権利は、害されない。

あり、日本国憲法とは首相の位置づけが大きく変わってしまうのです。

この改憲案と連動しているのが、安倍政権が今年（二〇一三年）の通常国会に関連法案も提出した、「国家安全保障会議（日本版ＮＳＣ）」です。八三頁下段で中曽根政権の時に設置された安全保障会議について触れましたが、当初この組織は「国家安全保障会議」という名称で設置が検討されました。しかし、当時は「国家」の「安全」が前面に出る姿勢が批判され、「安全保障会議」になったのです。しかし、この安全保障会議もそうですが、「国家安全保障会議」も内閣の中に少数の内閣を作るようなものであり、少数者による行政権行使に向かう危険性があります〈＊3〉。

政令に罰則規定導入へ

日本国憲法第七三条は内閣の職務を列記していますが、そのうちの一つが第六号の政令制定権です。政令とは内閣が制定する法令のことです。国民の代表機関である国会が制定する法律ではありませんから、国民に不利益を与えないように、日本国憲法では法律の委任がある場合を除いて政令に罰則を設けることはできないとしています。

しかし、憲法改正草案第七三条の内閣の職務については、新憲法草案と同様に第六号の政令制定権で、日本国憲法では「罰則を設けることができない」と

＊3　国家安全保障会議とは第一次安倍政権で検討しながら、安倍首相の辞任で立ち消えとなった国家安全保障会議設置論が、また第二次安倍政権で出てきて、二〇一三年の通常国会で国家安全保障会議設置法案が提出されました。

現在の安全保障会議は首相と八人の閣僚から構成され、国防に関する重要事項や重大緊急事態への対処に関する重要事項を、閣議より少数の構成員で迅速に審議できる組織です。

国家安全保障会議では、さらに閣僚の数を四人に絞り込むというものです。国家安全保障会議が設置されても従来の安全保障会議の枠組みも残すので、国家安全保障会議はいわば「内閣の中の最も少数の内閣」といった組織を作るようなものです。日本国憲法が想定していない少数からなる中央行政機関が誕生しようとしているのです。

しているところ、「義務を課し、又は権利を制限する規定を設けることができない」に変えました。ということは、政令で義務を課したり権利を制限することはできなくても、罰則を科すことは可能になってしまうのです。

先にも書いた通り、政令は内閣が制定する法令です。現在の衆議院の小選挙区制は民意が忠実に反映していない、すなわち、国会自体国民の代表機関としての正統性が問われるのに、さらに、国民が直接選んだわけではない内閣が政令で国民に罰則を科すことは大いに問題があるでしょう。さすがに自民党も政令で義務を課したり権利を制限することはできないと考えているようですが、罰則は国民の自由を奪うものです。罰則も原則として政令で科すべきものではないでしょう〈＊4〉。

＊4　政令政治と審議会政治

この「政令政治」という表現がよく聞かれるようになったのも、一九八〇年代の中曽根政権の時でした。例えば、以前は国家行政組織法で内部部局の設置は法律で定めるとしていたのに、中曽根政権の一九八三年に国家行政組織法を改正して、内部部局の設置を政令でできるようにしたのです。

他にも中曽根政権は、審議会政治を多用しました。これは本来、国会で議論すべき重要な政治問題(行政改革や教育、靖国神社問題など)を、政府に都合のよい知識人・ジャーナリスト、さらには労働組合役員などまで集めて審議・答申させ、これに従って政治を行う手法です。審議会が出す答申や報告書で世論を誘導し、必ずしも最初から政府寄りではない審議会委員も政府が取り込むという効果もあります。

これら政令政治も審議会政治も、国会をバイパスする政治手法と言えます。

第六章　司　法

第六章　司法

（裁判所と司法権）

第七十六条　全て司法権は、最高裁判所及び法律の定めるところにより設置する下級裁判所に属する。

２　特別裁判所は、設置することができない。行政機関は、最終的な上訴審として裁判を行うことができない。

３　全て裁判官は、その良心に従い独立してその職権を行い、この憲法及び法律にのみ拘束される。

（最高裁判所の規則制定権）

第七十七条　最高裁判所は、裁判に関する手続、弁護士、裁判所の内部規律及び司法事務処理に関する事項について、規則を定める権限を有する。

２　検察官、弁護士その他の裁判に関わる者は、最高裁判所の定める規則に従わなければならない。

３　最高裁判所は、下級裁判所に関する規則を定める権限を、下級裁判所に委任することができる。

（裁判官の身分保障）

第七十八条　裁判官は、次条第三項に規定する場合及び心身の故障のために職務を執ることができないと裁判により決定された場合を除いては、第六十四条第一項の規定による裁判に

第六章　司法

第七十六条　すべて司法権は、最高裁判所及び法律の定めるところにより設置する下級裁判所に属する。

②　特別裁判所は、これを設置することができない。行政機関は、終審として裁判を行ふことができない。

③　すべて裁判官は、その良心に従ひ独立してその職権を行ひ、この憲法及び法律にのみ拘束される。

第七十七条　最高裁判所は、訴訟に関する手続、弁護士、裁判所の内部規律及び司法事務処理に関する事項について、規則を定める権限を有する。

②　検察官は、最高裁判所の定める規則に従はなければならない。

③　最高裁判所は、下級裁判所に関する規則を定める権限を、下級裁判所に委任することができる。

第七十八条　裁判官は、裁判により、心身の故障のために職務を執ることができないと決定された場合を除いては、公の弾劾によらなければ罷免されない。裁判官の懲戒処分は、行政

特別裁判所の設置禁止に反する国防軍の審判所

三六頁以下で第九条の二第五項の国防軍に設置する審判所が、日本国憲法第七六条第二項で設置が禁止されている特別裁判所に当たることを指摘しました。憲法改正草案でも第七六条第二項の特別裁判所の設置禁止規定は変わっていないので、これは矛盾しているでしょう。

国民審査の後退の可能性

日本国憲法第七九条第二項は、「最高裁判所の裁判官の任命は、その任命後初めて行はれる衆議院議員総選挙の際国民の審査に付し、その後十年を経過した後初めて行はれる衆議院議員総選挙の際更に審査に付し、その後も同様とする」という国民審査〈＊1〉の規定があります。この規定は、国民による裁判所の直接統制として（ただし、全裁判官を対象にするのは困難なので、司法行政権を握っている最高裁判所裁判官に限定していますが）、投票で罷免可の票が過半数を超えれば、問題のある裁判官を辞めさせることのできる制度です。日本国憲法が採用する民主主義は間接民主主義が原則ですが、このように必要な範囲で直接民主主義的手法も採用していることは、より国民の意思が反映しやすくなるという点で評価できるでしょう。

＊1　「形骸化」している国民審査

自民党Q＆Aでは、この国民審査が「形骸化しているという批判」があるから、「国民審査の方法は憲法で定めず、法律で定めることにしました」と説明しています。しかし、法律事項になると形骸化しないのか、全く意味不明な説明です。確かに、Q＆Aが言う通り、「現在まで国民審査によって罷免された裁判官は1人もいない」です。それは各裁判官に関する広報が不十分であったり、投票用紙に記された裁判官のうち罷免したい裁判官には×を記して、それが過半数を超えると罷免されるという制度がわかりづらいことにもよるでしょう（○は無効になったり、白票は信任と見なされてしまうのです）。

よらなければ罷免されない。行政機関は、裁判官の懲戒処分を行うことができない。

（最高裁判所の裁判官）

第七十九条　最高裁判所は、その長である裁判官及び法律の定める員数のその他の裁判官で構成し、最高裁判所の長である裁判官以外の裁判官は、内閣が任命する。

２　最高裁判所の裁判官は、その任命後、**法律の定めるところにより、国民の審査を受けなければならない。**

３　前項の審査において罷免すべきとされた裁判官は、罷免される。

〔削除〕

４　最高裁判所の裁判官は、法律の定める年齢に達した時に退官する。

５　最高裁判所の裁判官は、全て定期に相当額の報酬を受ける。この報酬は、在任中、**分限又は懲戒による場合及び一般の公務員の例による場合を除き、**減額できない。

（下級裁判所の裁判官）

第八十条　下級裁判所の裁判官は、最高裁判所の指名した者の名簿によって、内閣が任命する。その裁判官は、**法律の定め**

機関がこれを行ふことはできない。

第七十九条　最高裁判所は、その長たる裁判官及び法律の定める員数のその他の裁判官でこれを構成し、その長たる裁判官以外の裁判官は、内閣でこれを任命する。

②　最高裁判所の裁判官の任命は、その任命後初めて行はれる衆議院議員総選挙の際国民の審査に付し、その後十年を経過した後初めて行はれる衆議院議員総選挙の際更に審査に付し、その後も同様とする。

③　前項の場合において、投票者の多数が裁判官の罷免を可とするときは、その裁判官は、罷免される。

④　審査に関する事項は、法律でこれを定める。

⑤　最高裁判所の裁判官は、法律の定める年齢に達した時に退官する。

⑥　最高裁判所の裁判官は、すべて定期に相当額の報酬を受ける。この報酬は、在任中、これを減額することができない。

第八十条　下級裁判所の裁判官は、最高裁判所の指名した者の名簿によつて、内閣でこれを任命する。その裁判官は、任期これについて憲法改正草案では、新憲法草案と同様、「最高裁判所の裁判官は、その任命後、法律の定めるところにより、国民の審査を受けなければならない」としています。ということは、法律の内容次第では現状の任命後またはその後一〇年ごとに行われている国民審査より短い期間で国民審査が行われる可能性がありますが、その逆もありえます。ということは、後者となれば司法の国民による民主的統制が後退してしまいます。

裁判官の身分保障の後退

日本国憲法第七九条第六項には最高裁判所の裁判官の報酬について、「在任中、これを減額することができない」とし、第八〇条第二項には下級裁判所の裁判官の報酬についても同様の規定があります。これによって、日本の裁判官は憲法上報酬がしっかりと保障されており、減額されそうだから国と交渉するなどの余計なことをせずにすむのです。

しかし、憲法改正草案では今回新たに第七九条第五項で、最高裁判所裁判官の報酬について、「在任中、分限又は懲戒による場合及び一般の公務員の例による場合を除き、減額できない」とし、第八〇条第二項で、下級裁判所の裁判官の報酬については第七九条第五項を「準用する」としました。ということは、自民党Q＆Aが説明しているように、昨今の公務員給与の削減に連動して裁判

る任期を限って任命され、再任されることができる。ただし、法律の定める年齢に達した時には、退官する。

2　**前条第五項の規定は、下級裁判所の裁判官の報酬について準用する。**

（法令審査権と最高裁判所）

第八十一条　最高裁判所は、一切の法律、命令、規則又は処分が憲法に適合するかしないかを決定する権限を有する最終的な上訴審裁判所である。

（裁判の公開）

第八十二条　裁判の口頭弁論及び公判手続並びに判決は、公開の法廷で行う。

2　裁判所が、裁判官の全員一致で、公の秩序又は善良の風俗を害するおそれがあると決した場合には、口頭弁論及び公判手続は、公開しないで行うことができる。ただし、政治犯罪、出版に関する犯罪又は第三章で保障する国民の権利が問題となっている事件の口頭弁論及び公判手続は、常に公開しなければならない。

を十年とし、再任されることができる。但し、法律の定める年齢に達した時には退官する。

②　下級裁判所の裁判官は、すべて定期に相当額の報酬を受ける。この報酬は、在任中、これを減額することができない。

第八十一条　最高裁判所は、一切の法律、命令、規則又は処分が憲法に適合するかしないかを決定する権限を有する終審裁判所である。

第八十二条　裁判の対審及び判決は、公開法廷でこれを行ふ。

②　裁判所が、裁判官の全員一致で、公の秩序又は善良の風俗を害する虞があると決した場合には、対審は、公開しないでこれを行ふことができる。但し、政治犯罪、出版に関する犯罪又はこの憲法第三章で保障する国民の権利が問題となつてゐる事件の対審は、常にこれを公開しなければならない。

官の報酬も減額するということになります。最近ではその妥当性が問われたにもかかわらず、東日本大震災後の復興財源捻出のために国家公務員の給与を平均七・八％削減しました。このように、いろいろな理由で公務員給与に連動して裁判官の報酬が減らされれば、安心して職務に専念できなくなる可能性があります。

また、日本国憲法第八〇条第一項では、下級裁判所裁判官の任期を一〇年とし、その後は「再任されることができる」としています〈＊2〉が、憲法改正草案では「法律の定める任期」とし、任期が一〇年より短くなる可能性があり、ここでも身分保障の後退が見られます。

＊2　下級裁判所裁判官の任期と再任

下級裁判所（高等裁判所、地方裁判所、家庭裁判所、簡易裁判所）裁判官の再任については、裁判官の身分保障の重要性から学界通説では再任が原則としています。しかし、下級裁判所裁判官の指名権を持っている最高裁判所は、この再任は新任と同じで最高裁判所の自由裁量で決定できると考えており、一九七一年には地方裁判所裁判官の再任を拒否したことがあります（一九七一年の宮本判事補再任拒否事件）。この理由を最高裁判所は説明していませんが、平和と人権活動に熱心な法律家団体（青年法律家協会）に所属していたことが要因とも考えられています。このような状況の中、任期が短くなれば、下級裁判所裁判官の身分をさらに不安定なものにさせてしまいます。

第七章　財政

第七章　財政

（財政の基本原則）

第八十三条　国の財政を処理する権限は、国会の議決に基づいて行使しなければならない。

2　財政の健全性は、法律の定めるところにより、確保されなければならない。

（租税法律主義）

第八十四条　租税を新たに課し、又は変更するには、法律の定めるところによることを必要とする。

（国費の支出及び国の債務負担）

第八十五条　国費を支出し、又は国が債務を負担するには、国会の議決に基づくことを必要とする。

（予算）

第八十六条　内閣は、毎会計年度の予算案を作成し、国会に提出して、その審議を受け、議決を経なければならない。

2　内閣は、毎会計年度中において、予算を補正するための予算案を提出することができる。

3　内閣は、当該会計年度開始前に第一項の議決を得られる見込みがないと認めるときは、**暫定期間に係る予算案を提出し**

第七章　財政

第八十三条　国の財政を処理する権限は、国会の議決に基いて、これを行使しなければならない。

〔新設〕

第八十四条　あらたに租税を課し、又は現行の租税を変更するには、法律又は法律の定める条件によることを必要とする。

第八十五条　国費を支出し、又は国が債務を負担するには、国会の議決に基くことを必要とする。

第八十六条　内閣は、毎会計年度の予算を作成し、国会に提出して、その審議を受け議決を経なければならない。

〔新設〕

〔新設〕

財政の健全性確保にお墨付き

日本国憲法第八三条は、「国の財政を処理する権限は、国会の議決に基いて、これを行使しなければならない」と規定することで、財政問題を国民の代表機関である国会が中心になって決めていくという「財政国会中心主義」を原則にしています。なぜなら、国家財政の財源は税金など国民の負担によるものですし、何にいくら使うかは国民生活に大きな影響を及ぼすので、財政を国民の意思に基づいて国民の利益のために運営する必要があるからです。

憲法改正草案では新憲法草案と同様、この財政の基本原則を定めた第八三条に新たに第二項として、「財政の健全性は、法律の定めるところにより、確保されなければならない」という規定を追加しました。これについて自民党Q&Aでは、「具体的な健全性の基準は、わが党がかつて提出した『財政健全化責任法案』のような法律で規定することになります」と説明しています。

そこで、二〇一〇年一〇月に自民党が国会に提出した「財政健全化責任法案」を見てみましょう。この第二条で「財源の安定的な確保に向けた消費税を含む税制の抜本的な改革」を求め、第四条で「地方公共団体の財政の自主的かつ自立的な健全化」を求めています。もちろん、無駄な公共事業などで財政赤字が拡大するのは問題であるとはいえ、憲法にこのような規定を入れることで、

なければならない。

4　毎会計年度の予算は、法律の定めるところにより、国会の議決を経て、翌年度以降の年度においても支出することができる。

（予備費）

第八十七条　予見し難い予算の不足に充てるため、国会の議決に基づいて予備費を設け、内閣の責任でこれを支出することができる。

2　全て予備費の支出については、内閣は、事後に国会の承諾を得なければならない。

（皇室財産及び皇室の費用）

第八十八条　全て皇室財産は、国に属する。全て皇室の費用は、予算案に計上して国会の議決を経なければならない。

（公の財産の支出及び利用の制限）

第八十九条　公金その他の公の財産は、**第二十条第三項ただし書に規定する場合を除き、宗教的活動を行う**組織若しくは団体の使用、便益若しくは維持のため支出し、又はその利用に供してはならない。

2　公金その他の公の財産は、**国若しくは地方自治体その他の公共団体の監督が及ばない慈善、教育若しくは博愛の事業**に

〔新設〕

第八十七条　予見し難い予算の不足に充てるため、国会の議決に基いて予備費を設け、内閣の責任でこれを支出することができる。

②　すべて予備費の支出については、内閣は、事後に国会の承諾を得なければならない。

第八十八条　すべて皇室財産は、国に属する。すべて皇室の費用は、予算に計上して国会の議決を経なければならない。

第八十九条　公金その他の公の財産は、宗教上の組織若しくは団体の使用、便益若しくは維持のため、又は公の支配に属しない慈善、教育若しくは博愛の事業に対し、これを支出し、又はその利用に供してはならない。

安易な社会保障費の削減や消費税などによる増税を招き、第二第三の夕張市（自治体の財政破綻）を生み出すことになりかねません〈＊1〉。

単年度会計主義の形骸化

憲法改正草案第八六条は日本国憲法第八六条と同じく、予算に関する規定です。予算とは、一会計年度（日本は財政法第一一条により、四月一日から翌年三月三一日まで）の歳入歳出の予定見積を内容とし、国会の議決によって成立する財政行為の準則とされているものです。憲法改正草案同条第一項で、「内閣は、毎会計年度の予算案を作成し、国会に提出して、その審議を受け、議決を経なければならない」とし、新たに第二項で補正予算（不足が生じた場合の追加予算や、当初予算を変更する修正予算）、第三項で暫定予算（年度開始までに本予算が成立しなかった場合の、本予算成立までの支出を行うための予算）の規定を入れました。さらに第四項で、「毎会計年度の予算は、法律の定めるところにより、国会の議決を経て、翌年度以降の年度においても支出することができる」としました。

この部分について新憲法草案は、第八六条第二項で、「当会計年度開始前に前項の議決がなかったときは、内閣は、法律の定めるところにより、同項の議決を経るまでの間、必要な支出をすることができる」としていました。これは、

＊1　身勝手な自民党の財政健全化論

田中角栄元首相による選挙対策で公共事業を優先した政治手法は、自民党が得意とするところでした。国民の税金と国債の発行により、ダムや新幹線、高速道路を特に自民党の有力な政治家がいる地方で建設してきましたが、これにより国と自治体の借金は年々膨れ上がります。第二次安倍政権でも、「三本の矢」政策の一つが財政出動による公共事業の拡大です。

一方で、財源は消費税率引き上げしかないかのような宣伝が蔓延していますが、高所得者の所得税や法人税の税率引き上げだってあるはずです。財政の健全化を言いながら、社会保障費を減らしても公共事業費は増やし、そのつけは消費税という形で庶民に負わせる政治でいいのでしょうか。

対して支出し、又はその利用に供してはならない。

（決算の承認等）

第九十条　内閣は、国の収入支出の決算について、全て毎年会計検査院の検査を受け、法律の定めるところにより、次の年度にその検査報告とともに**両議院に提出し、その承認を受けなければ**ならない。

2　会計検査院の組織及び権限は、法律で定める。

3　内閣は、第一項の検査報告の内容を予算案に反映させ、国会に対し、その結果について報告しなければならない。

（財政状況の報告）

第九十一条　内閣は、国会に対し、定期に、少なくとも毎年一回、国の財政状況について報告しなければならない。

第九十条　国の収入支出の決算は、すべて毎年会計検査院がこれを検査し、内閣は、次の年度に、その検査報告とともに、これを国会に提出しなければならない。

②　会計検査院の組織及び権限は、法律でこれを定める。

〔新設〕

第九十一条　内閣は、国会及び国民に対し、定期に、少くとも毎年一回、国の財政状況について報告しなければならない。

大日本帝国憲法第七一条の「帝国議会ニ於テ予算ヲ議定セス又ハ予算成立ニ至ラサルトキハ政府ハ前年度ノ予算ヲ施行スヘシ」という規定と同じく、国会の議決なしで支出できる規定になっていました。この点で、憲法改正草案は新憲法草案と比べて評価できそうな印象を与えています。

しかし、憲法改正草案の第四項は、自民党Q＆Aが言うように、複数年度予算を可能にするものです。現在、日本では一会計年度毎に予算を審議・議決して、年度内に支出を終える「単年度会計主義」を原則にしています。これは、複数年度のように会計年度が長くなると、その途中で政権交代が起きた場合、国民の意思が変わったのに予算は変えられないという形で、予算に関して後の国会を拘束することになってしまうからです。しかし、憲法改正草案は十分な説明もなく従来の原則を変えてしまうのです。

公の支配に属しない事業への公の財産の支出

日本国憲法第八九条は、公金その他の公の財産を公の支配に属しない事業などに支出してはならないとしていることから、これまで改憲派は国や自治体による私立学校などへの助成は憲法上問題があるから、この規定の改正を主張してきました。確かに、この規定は議論のあるところですが、私立大学なら文部科学省の統制を受けており、公の支配に属していると捉えて解釈で対応できると憲法学界では考えてきました。憲法改正草案第八九条は、「監督が及ばない」という文言を入れることで日本国憲法よりはわかりやすくしようとしていますが、このように憲法改正をしなくても問題がないのです。従来の改憲派による第八九条改正論は、改憲のための議論という側面が強かったことにも注意が必要です。

国による特定宗教への経済的支援が可能に

日本国憲法第二〇条の政教分離規定を受けて、第八九条は財政の観点からも公の財産を宗教団体に支出してはいけないという規定があります。ここから、国や自治体が靖国神社や各地の護国神社などに経済的支援をすることは許されないことになります。

しかし、憲法改正草案は五七頁で触れた第二〇条第三項の挿入にあわせて、第八九条第一項でも、「公金その他の公の財産は、第二十条第三項ただし書に規定する場合を除き、宗教的活動を行う組織」などに支出できるようにしています。これにより、憲法改正後は正々堂々と特定宗教が国などから経済的支援を受けることになってしまいます。自民党政権なら、具体的には靖国神社や護国神社への経済的支援を考えているのでしょう。

憲法の平和主義と財政の原則

ところで、戦前は国債を発行して戦費を確保した反省から、戦後、財政法第四条で国債の発行を禁止しました。しかし、自民党政権の下で道路・住宅・港湾などの社会資本（要するに公共事業など）の事業費を出すためにまずは一九六六年から建設国債を発行しています。さらに、それ以外の支出のためには一九六五年に、その後は一九七五年から特例法によって赤字国債も発行してきました。これらにより、着々と防衛費も増やしたのです。

また、本来、特定の支出が複数年度にまたがる継続費は単年度会計主義との関係で問題があるはずです。しかし、自民党政権は例外的に継続費を認め、海上自衛隊の護衛艦などの建造費を継続費から支出してきました。このように、憲法の平和主義に反する財政の運用をしてきたのが自民党ですが、これらを憲法上も肯定してしまおうとしているのです。

第八章　地方自治

第八章　地方自治

（地方自治の本旨）

第九十二条　地方自治は、住民の参画を基本とし、住民に身近な行政を自主的、自立的かつ総合的に実施することを旨として行う。

２　住民は、その属する地方自治体の役務の提供を等しく受ける権利を有し、その負担を公平に分担する義務を負う。

（地方自治体の種類、国及び地方自治体の協力等）

第九十三条　**地方自治体は、基礎地方自治体及びこれを包括する広域地方自治体とすることを基本とし、その種類は、法律で定める。**

２　地方自治体の組織及び運営に関する基本的事項は、地方自治の本旨に基づいて、法律で定める。

３　国及び地方自治体は、法律の定める役割分担を踏まえ、協力しなければならない。地方自治体は、相互に協力しなければならない。

（地方自治体の議会及び公務員の直接選挙）

第九十四条　地方自治体には、法律の定めるところにより、条例その他重要事項を議決する機関として、議会を設置する。

２　地方自治体の長、議会の議員及び法律の定めるその他の公

第八章　地方自治

〔新設〕

〔新設〕

第九十二条　地方公共団体の組織及び運営に関する事項は、地方自治の本旨に基いて、法律でこれを定める。

〔新設〕

第九十三条　地方公共団体には、法律の定めるところにより、その議事機関として議会を設置する。

②　地方公共団体の長、その議会の議員及び法律の定めるその

自治体は国のやることに口を出せなくなる

地方自治の規定について日本国憲法第九二条は、「地方公共団体の組織及び運営に関する事項は、地方自治の本旨に基いて、法律でこれを定める」と規定している〈*1〉のに対して、憲法改正草案は新憲法草案と同様、第九二条第一項として、「地方自治は、住民の参画を基本とし、住民に身近な行政を自主的、自立的かつ総合的に実施することを旨として行う」という規定を入れ、第九三条第三項として、「国及び地方自治体は、法律の定める役割分担を踏まえ、協力しなければならない」という規定を入れました。これについて、自民党Q&Aでは、「従来『地方自治の本旨』という文言が無定義で用いられていたため、この条文において明確化を図りました」と説明しています。

しかし、この説明は憲法学界での議論を知らない者の説明といえます。憲法学界では、この「地方自治の本旨」を「住民自治」（その地域団体の運営が、それを構成する住民の意思に基づいて行われること。その具体化が憲法第九三条と第九五条）と「団体自治」（国家とは独立の地域団体が、団体自らの意思と責任の下でその地域の自治を行うこと。その具体化が憲法第九四条）から成るものと考えています。したがって、解釈で十分対応できるのに、憲法改正草案のようにあえて新しいことを書くということは、その新しく書いた部分に意味があるのであります。

＊1　日本国憲法の地方自治規定の意義

戦前の明治憲法に、地方自治の規定はありませんでした。そのため、地方自治を認めない中央集権国家体制は、戦争を遂行する上でも大変適合的でした。

しかし、戦後は憲法に独立した一つの章（第八章）として、地方自治の規定を入れました。この地方自治の意義は、民主制の前提である自治を地方レベルでも実現したこと、国家権力を制限するにあたって中央の権力集中を防ぐ三権分立と地方自治を位置づけたこと、中央政府（国）が地方政府（憲法の表現では「地方公共団体」、一般的な表現では「地方自治体」）の政治を尊重することになったことにあります。

務員は、当該地方自治体の住民であって**日本国籍を有する者**が直接選挙する。

（地方自治体の権能）

第九十五条　地方自治体は、その事務を処理する権能を有し、法律の範囲内で条例を制定することができる。

（地方自治体の財政及び国の財政措置）

第九十六条　地方自治体の経費は、条例の定めるところにより課する地方税その他の自主的な財源をもって充てることを基本とする。

2　国は、地方自治体において、前項の自主的な財源だけでは地方自治体の行うべき役務の提供ができないときは、法律の定めるところにより、必要な財政上の措置を講じなければならない。

3　第八十三条第二項の規定は、地方自治について準用する。

（地方自治特別法）

第九十七条　**特定の地方自治体の組織、運営若しくは権能について他の地方自治体と異なる定めをし、又は特定の地方自治体の住民にのみ義務を課し、権利を制限する**特別法は、法律の定めるところにより、その地方自治体の住民の投票において有効投票の過半数の同意を得なければ、制定することができない。

他の吏員は、その地方公共団体の住民が、直接これを選挙する。

第九十四条　地方公共団体は、その財産を管理し、事務を処理し、及び行政を執行する権能を有し、法律の範囲内で条例を制定することができる。

〔新設〕

第九十五条　一の地方公共団体のみに適用される特別法は、法律の定めるところにより、その地方公共団体の住民の投票においてその過半数の同意を得なければ、国会は、これを制定することができない。

す。それは何でしょう。

新たに憲法改正草案に書かれたところを見ると、第九二条第一項で地方自治は住民に身近な行政を実施するものとし、第九三条第三項で国と地方自治体（以下、「自治体」と表記）の役割分担を踏まえるとしています。すなわち、これにより自治体はその地域に関することを行うのが役割となり、国は防衛・外交その他全国的な問題を担当するので、このような国の仕事と自治体には距離ができてしまいます。

例えば、東西冷戦時代には、自民党政権による国の姿勢とは別に、自治体のいわゆる「自治体外交」が展開されていました。この「自治体外交」によって、日本の自治体によってはソ連・東欧などの自治体と友好都市宣言を結んだり、人的交流を行ったのです（もっとも、憲法論としては、第七三条第二号で内閣に外交権があることから、「自治体外交」と括弧付きの表現となりますが）。

また、国は表向き非核三原則によって外から日本への核持ち込みを禁止していながら、実際には日米間の「密約」でアメリカによる日本への核持ち込みを容認していた中で、自治体が「非核自治体宣言」（核兵器廃絶や非核三原則の遵守などを求める内容の自治体宣言や議会決議のこと。全国で一五〇〇を超える自治体が宣言しています）を行うことには、東西冷戦の緩和と憲法の平和主義の実践という意味があったでしょう。

しかし、憲法改正草案が成立すれば、防衛及び外交は国の専権事項であるから自治体は口出しをするな、国の防衛・外交政策に従えということになってしまいます〈＊2〉。

道州制の導入も念頭に

日本国憲法第九二条によって、地方公共団体の組織に関する事項は法律事項とし、実際に地方自治法で規定しています。このように、憲法には具体的に地方公共団体の組織に触れていませんが、憲法学界では憲法上の地方公共団体を市町村と都道府県との二重構造と捉えています。確かに、法律で規定さえすれば憲法上道州制の導入は可能で、自民党Q＆Aも、「この草案のままでも、憲法改正によらずに立法措置により道州制の導入は可能である」としています。

しかし、道州制の導入については慎重な議論が必要です。導入に積極的なのは財界ですが、それは国から都道府県よりは広域の各道州へ様々な権限を移し、経済活動も広域で自由に活動しやすくなり、都道府県知事や都道府県議会議員、地方公務員の削減により行政をスリム化できると考えているからです。ということは、市町村合併で市町村が広域化することで生じたことが、今度は道州レベルで生じることになります。すなわち、住民の民意は広域化した分反映しなくなり、行政のスリム化で教育や社会福祉の後退も予想されます。まずは誰の

＊2　個別の自治体の国への異議申立

個別の自治体の国への異議申立としては、一九七二年の横浜市によるベトナム戦争に反対しての米軍車両の移動阻止や、一九七五年以降の神戸市による非核証明書のない艦船の入港拒否、一九九五年の沖縄県による米軍軍用地の強制収容のための代理署名拒否などがあります。このような軍事問題以外では、東京都の国立市や福島県の矢祭町などが住民基本台帳ネットワークシステム（住基ネット）に接続しないということもありました。以上の自治体の取組は、憲法の平和主義や人権の立場から、それに反する国の行為に対する異議申立であったわけです。しかし、憲法改正草案の立場はこのような取組に否定的です。

ための道州制なのかということをよく考える必要があるでしょう。

住民の選挙権者を日本人に限定して義務も課す

四九頁以下で見たように、憲法改正草案第一五条第三項にあわせて第九四条第二項で地方自治体における選挙権者を「日本国籍を有する者」に限定しています。それなのに、第九二条第二項では、「住民は、その属する地方自治体の役務の提供を等しく受ける権利を有し、その負担を公平に分担する義務を負う」としています。すなわち、住民には当然在住外国人も含まれますが、その外国人に税金を課しておきながら、選挙権は認めないのです。

ところで、市民革命時のスローガンの一つが、「代表なくして課税なし」でした。例えば、アメリカはイギリスの植民地としてイギリスから課税されていたのに、アメリカ人がイギリス議会に代表者を送ることができなかったので、アメリカ人はイギリスからの独立を求めたのです。しかし、自民党Q＆Aは、「外国人も税金を払っていることを理由に地方参政権を与えるべきとの意見もありますが、税金は飽くまでも様々な行政サービスの財源を賄うためのものので、何らかの権利を得るための対価として支払うものではなく、直接的な理由にはなりません」と言い切っています。この理解は、九七頁でも触れた財政国会中心主義により納税者＝国民が財政を統制することの意義や、世界で在住外国人に地方選挙権を認めている動向を無視した時代遅れの理解です。

地方財政にも健全性を求める

九七頁以下で財政の健全性確保問題について触れましたが、憲法改正草案の第九六条第三項で、「第八十三条第二項の規定は、地方自治について準用する」としています。これにより、地方財政においても財政の健全性が求められるのです。しかも、第九六条第一項は、「地方自治体の経費は、条例の定めるところにより課する地方税その他の自主的な財源をもって充てることを基本とする」としています。

九七頁以下で触れた自民党の「財政健全化責任法案」第四条も、端的に「地方公共団体の財政の自主的かつ自立的な健全化」を求めています。これらがもし本当に実現したら、人口の少ない財政力の乏しい自治体では住民の負担が増大するか、合併の道を選ばざるをえなくなってしまいます。

地方特別法の規定は復活

日本国憲法には第九五条に、一の地方公共団体のみに適用される特別法を制定する際に、その地方公共団体の住民投票で過半数の同意がなければ法律の制定ができないという規定があります。これは、国会で制定される普通の法律

（一般法）は基本的に全国どこでも同じように適用されるものですが、「一の地方公共団体」（一つの自治体である必要はありません）のみに適用されるような特別法を制定する際には当該住民の意思も確認しようという、直接民主主義的な観点から規定されているものです。これまで、例えば、横須賀・呉・佐世保・舞鶴の四市に適用された旧軍港市転換法や広島平和記念都市建設法などの制定の際に住民投票が行われました。

新憲法草案ではこの規定を削除していたのですが、憲法改正草案は第九七条で「特定の地方自治体の組織、運営若しくは権能について他の地方自治体と異なる定めをし、又は特定の地方自治体の住民にのみ義務を課し、権利を制限する特別法」に限定して、復活させています〈＊3〉。

＊3　住民投票の意義

地方特別法制定の際の住民投票の意義は上で述べた通りです。日本国憲法は間接民主主義を基本としていますが、第七九条の最高裁裁判官に対する国民審査、第九六条の憲法改正に際しての国民投票、そしてこの第九五条で部分的に直接民主主義的手法も導入しており、間接民主主義の不十分な点を補っています。新憲法草案で削除した第九五条の規定を憲法改正草案で復活させたのなら、改憲とは別に、さらに地方における住民投票も評価すべきですが、自民党は否定的です。

第九章　緊急事態

第九章　緊急事態 （緊急事態の宣言） 第九十八条　内閣総理大臣は、我が国に対する外部からの武力攻撃、内乱等による社会秩序の混乱、地震等による大規模な自然災害その他の法律で定める緊急事態において、特に必要があると認めるときは、法律の定めるところにより、閣議にかけて、緊急事態の宣言を発することができる。 2　緊急事態の宣言は、法律の定めるところにより、事前又は事後に国会の承認を得なければならない。 3　内閣総理大臣は、前項の場合において不承認の議決があったとき、国会が緊急事態の宣言を解除すべき旨を議決したとき、又は事態の推移により当該宣言を継続する必要がないと認めるときは、法律の定めるところにより、閣議にかけて、当該宣言を速やかに解除しなければならない。また、百日を超えて緊急事態の宣言を継続しようとするときは、百日を超えるごとに、事前に国会の承認を得なければならない。 4　第二項及び前項後段の国会の承認については、第六十条第二項の規定を準用する。この場合において、同項中「三十日以内」とあるのは、「五日以内」と読み替えるものとする。	〔新設〕
（緊急事態の宣言の効果） 第九十九条　緊急事態の宣言が発せられたときは、法律の定め	〔新設〕

今はやりの緊急事態条項論

第九章の「緊急事態」という章は新憲法草案にはなかった章で、今回の憲法改正草案で新設されたものです。ここではまず第九八条第一項で、「内閣総理大臣は、我が国に対する外部からの武力攻撃、内乱等による社会秩序の混乱、地震等による大規模な自然災害その他の法律で定める緊急事態において、特に必要があると認めるときは、法律の定めるところにより、閣議にかけて、緊急事態の宣言を発することができる」とし、第二項で、「緊急事態の宣言は、法律の定めるところにより、事前又は事後に国会の承認を得なければならない」と規定しました。

実は、憲法における非常事態・緊急事態条項論は最近はやりの議論で、民主党の「憲法提言」（二〇〇五年）に国家緊急権〈＊1〉の明示論があり、国会に設置された憲法調査会の報告書（二〇〇五年）でも「非常事態」に関する民主党の委員などの議論のまとめが掲載されており、以前は民主党が活発な議論を展開していました。

これが二〇一一年の東日本大震災後になると、中山太郎元衆議院憲法調査会長が「緊急事態に関する憲法改正試案」を作成・発表します〈＊2〉。また、第一次安倍政権の時に設置されながら、活動を開始したのが民主党・野田政権に

＊1　国家緊急権

国家緊急権とは、戦争や内乱など非常事態・緊急事態に政府が憲法を停止し、非常措置をとる権限のことです。これは一二九頁以下で見る「憲法の保障」の一つとして考えられており、国によってあらかじめ憲法に規定がある場合とない場合があります。また、国によっても、条件・手続・効果などを詳細に規定するタイプと、大綱のみで包括的権限を授けるタイプとに分かれます。ちなみに、ナチスは政権掌握後、国家の緊急事態を理由に立法府の権限を政府に委任する全権委任法を制定し、憲法（ワイマール憲法）を無視した政治を行いました。このような歴史から、国家緊急権を認めるか否かは慎重に判断する必要があります。

るところにより、内閣は法律と同一の効力を有する政令を制定することができるほか、内閣総理大臣は財政上必要な支出その他の処分を行い、地方自治体の長に対して必要な指示をすることができる。

2　前項の政令の制定及び処分については、法律の定めるところにより、事後に国会の承認を得なければならない。

3　緊急事態の宣言が発せられた場合には、何人も、法律の定めるところにより、当該宣言に係る事態において国民の生命、身体及び財産を守るために行われる措置に関して発せられる国その他公の機関の指示に従わなければならない。この場合においても、第十四条、第十八条、第十九条、第二十一条その他の基本的人権に関する規定は、最大限に尊重されなければならない。

4　緊急事態の宣言が発せられた場合においては、法律の定めるところにより、その宣言が効力を有する期間、衆議院は解散されないものとし、両議院の議員の任期及びその選挙期日の特例を設けることができる。

なってからの憲法審査会では、自民党議員が緊急事態条項必要論を積極的に展開するようになるのです。

緊急事態に際しては人権制限

憲法改正草案の第九九条第一項は、「緊急事態の宣言が発せられたときは、法律の定めるところにより、内閣は法律と同一の効力を有する政令を制定することができるほか、内閣総理大臣は財政上必要な支出その他の処分を行い、地方自治体の長に対して必要な指示をすることができる」とし、第三項で、「緊急事態の宣言が発せられた場合には、何人も、法律の定めるところにより、当該宣言に係る事態において国民の生命、身体及び財産を守るために行われる措置に関して発せられる国その他公の機関の指示に従わなければならない。この場合においても、第十四条、第十八条、第十九条、第二十一条その他の基本的人権に関する規定は、最大限に尊重されなければならない」としています。

これは緊急事態時に、国民の代表機関である国会をバイパスして内閣だけで法律と同一の効力を持つ政令を制定し、国民には緊急事態時に国などの指示に従う義務を課すというものです。第三項で、法の下の平等・奴隷的拘束及び苦役からの自由・思想及び良心の自由・表現の自由については条文を明示して、「最大限に尊重されなければならない」と、慎重な姿勢を示しているようにも

＊2　中山太郎元会長の案

この中山太郎元会長の案は、東日本大震災後の復興の遅れは緊急事態の議論が十分に行われてこなかったことに一因があるとの観点から、大規模な自然災害・社会秩序の混乱その他の事態に、首相が緊急事態の宣言を発し、首相が行政機関の長を指揮監督し、地方公共団体の長に必要な指示を行い、財政上必要な支出その他の処分を行い、通信の自由・居住及び移転の自由・財産権を政令で制限するというものです。

この改憲案は、復興の遅れは憲法に問題があるかのように主張する点で乱暴で、首相の権限強化と政令による人権制限を内容とする点で危険な改憲案といえます。

見えます。しかし、憲法改正草案は「公益及び公の秩序」により人権制限ができるとしているのですから、この「尊重」の程度は疑問です。そして、ここで具体的に列挙していない権利・自由は、扱いが異なってくる可能性もあります。

国家緊急権論をどう考えるか

では、このような国家緊急権論をどのように考えたらよいでしょうか。諸外国の例については先に触れましたが、明治憲法は国家緊急権を認めていました。それは、第八条の緊急勅令（「天皇ハ公共ノ安全ヲ保持シ又ハ其ノ災厄ヲ避クル為緊急ノ必要ニ由リ帝国議会閉会ノ場合ニ於テ法律ニ代ルヘキ勅令ヲ発ス」）、第一四条の戒厳大権（「天皇ハ戒厳ヲ宣告ス」）、第三一条の非常大権（「本章［第二章臣民権利義務］ニ掲ケタル条規ハ戦時又ハ国家事変ノ場合ニ於テ天皇大権ノ施行ヲ妨クルコトナシ」）です。明治憲法には国家緊急権の規定があったのに、日本国憲法にないのは、戦前の反省からあえて「沈黙」したと考えるべきではないでしょうか。学界でも国家緊急権を日本で認めない否定説が多いです。

諸外国の憲法で国家緊急権を認めるのは、そのような国では一定の条件の下での自衛権行使を容認しており、有事には国民の人権を制限しなければ円滑に軍事活動ができないからでしょう。したがって、戦争を肯定する他国の憲法では、憲法上明示しているか否かにかかわらず、「国民の人権を保障する。但し、非常事態を除き」という発想があるといえます。

　これに対して日本国憲法の平和主義は、徹底した平和主義の立場に立っているのであり、国家緊急権も認めていないと考えるべきです〈＊3〉。また、国家緊急権論は一二五頁以降で検討する憲法改正規定の緩和論と同様に、その後の本命の改憲に導くための議論という側面もあり、要注意です。

＊3　「普通の国」か「優等国」か
　確かに、国によっては憲法で国家緊急権を認めています。しかし、国家緊急権を認める国は軍隊も保有する国であり、両者はセットで考える必要があります。まさに自民党の憲法改正草案は、国防軍が存在し、この国防軍が国連憲章で認められている個別的または集団的自衛権も行使する。すなわち、憲法改正草案は「普通の国」を目指す憲法なのです。しかも、国防軍規定にも緊急事態規定にも、首相の権限強化が盛り込まれています。

　しかし、徹底的に国民の人権を保障するために、軍隊も国家緊急権も否定した日本国憲法を大事にし、その「優等国」ぶりに私たちは誇りを持ってもいいのではないでしょうか。

第十章　改正

第十章　改正

第百条　この憲法の改正は、**衆議院又は参議院の議員の発議により、**両議院のそれぞれの総議員の**過半数**の賛成で国会が議決し、国民に提案してその承認を得なければならない。この承認には、法律の定めるところにより行われる国民の投票において**有効投票の**過半数の賛成を必要とする。

2　憲法改正について前項の承認を経たときは、天皇は、直ちに憲法改正を公布する。

第九章　改正

第九十六条　この憲法の改正は、各議院の総議員の三分の二以上の賛成で、国会が、これを発議し、国民に提案してその承認を経なければならない。この承認には、特別の国民投票又は国会の定める選挙の際行はれる投票において、その過半数の賛成を必要とする。

②　憲法改正について前項の承認を経たときは、天皇は、国民の名で、この憲法と一体を成すものとして、直ちにこれを公布する。

第九六条の改正理由

日本国憲法第九六条は憲法改正についての規定で、三つの段階で規定されています。すなわち、①国会の発議（各議院の総議員の三分の二以上の賛成で国会が憲法の改正を発議する）、②国民による承認（国会が提案した憲法の改正案を国民投票で過半数の賛成で承認する）、③天皇による公布（承認された憲法改正案を天皇が公布する）、です。

これを憲法改正草案では②と③を基本的に残しつつ〈＊1〉、①を各議院の総議員の三分の二以上から過半数の賛成に変えて、憲法改正のハードルを下げたのです。

この改正理由の一つとして、二頁で安倍首相の主張を紹介しました。一見するともっともな主張のようにも聞こえますが、安倍首相は通常は過半数で物事を決める絶対多数とは別に、特に慎重に物事を決めなければならない三分の二以上など過半数よりハードルの高い特別多数の存在理由を理解できていないようにも聞こえます。

また、自民党の改憲案について自民党Q＆Aは、日本国憲法は「世界的に見ても、改正しにくい憲法」であり、「国民に提案される前の国会での手続を余りに厳格にするのは、国民が憲法について意思を表明する機会が狭められるこ

＊1　国民による承認と天皇による公布

本文では国会の発議要件の緩和について詳しく検討しますが、ここで国民による承認と天皇による公布についての改正点も少し見てみましょう。憲法改正草案では、国民投票における過半数を「有効投票の過半数」にしています。確かに、日本国憲法には具体的に示していませんが、憲法改正という重要性から考えれば、これは「有権者の過半数」とまでいかなくても、「有効投票の過半数」よりは「投票総数の過半数」の方がよいでしょう。なぜなら、憲法改正の重要性から、無効票を除外する「有効投票の過半数」より、無効票を反対に数える「投票総数の過半数」の方が、簡単に憲法改正ができなくなるからです。

また、天皇による公布について、日本国憲法の「国民の名で、この憲法と一体を成すものとして」を削るというのは、天皇が憲法の縛りから自由になることを意味しそうです。

とになり、かえって主権者である国民の意思を反映しないことになってしまう」と述べています。果たして本当にそうでしょうか。以下、じっくりと考えてみましょう。

諸外国より改正しにくいのではない

まず、自民党Q＆Aが言う「世界的に見ても、改正しにくい憲法」という主張ですが、これは全くの誤りです。改憲について、アメリカは各議院の三分の二以上の賛成と四分の三以上の州議会の承認が必要です。連邦国家なので州議会の承認も必要としているのですが、四分の三以上とはかなりハードルが高いですね〈＊2〉。他の国でも、フランスは各議院の過半数の賛成と国民投票か政府提出なら両院合同会議の五分の三以上の賛成が、ドイツは各議院の三分の二以上の賛成が、イタリアは各議院の過半数の賛成と三か月以上経過後に各議院の三分の二以上の賛成が（要求があれば国民投票も）、韓国は国会の三分の二以上の賛成と国民投票（有権者の過半数の投票かつ投票総数の過半数の賛成）が必要です。このように、日本の憲法が他国の憲法より「改正しにくい」わけではないでしょう。

確かに、これらの国では戦後、何度も改憲を行っています。アメリカで六回、フランスで二七回、ドイツで五九回、イタリアで一六回、韓国で九回です。し

＊2　映画「リンカーン」に見る憲法改正

リンカーン役のダニエル・デイ＝ルイスがアカデミー賞主演男優賞を受賞した、スティーブン・スピルバーグ監督による二〇一三年日本で公開されたアメリカ映画『リンカーン』を観られた方は結構おられると思います。

アメリカの南北戦争のさなか、リンカーン大統領の主導で奴隷制を禁止する憲法の修正第一三条を連邦議会で可決し、リンカーンが暗殺されるまでを描いた作品です。修正第一三条を成立させるには、与党の共和党だけでは票が足りないため、リンカーンも自ら野党の民主党議員に色々な方法で働きかけて、成立に必要な三分の二以上の票を確保します。この映画を見れば、憲法を改正するというのはいかに大変なことなのかがよくわかると思います。

かし、国によっては憲法が法律のように細かい規定を置いていたり、ヨーロッパにおけるＥＵ統合で国の一部権限をＥＵに移すことに伴う改憲があったりしたためでもあります。そして、どの国も改憲のハードルの高さを克服するだけの議会と国民の意思があったから改憲できたのであり、逆にいえば、日本は国会で改憲派が三分の二を超えていても、国民の多数派が改憲を望んでいなかったから、改憲ができなかったのではないでしょうか。

いかがわしい国民の意思反映論

次に、自民党Ｑ＆Ａが言う国民の意思云々について考えてみましょう。まず、国民の意思の表明機会が少ないということですが、憲法改正における国民投票は、国会の発議に対する賛成か反対かの表明だけであって、国民が国会の憲法改正案を修正したり、個別の意見を言えるわけではありません。国民の意思の反映は最初から限られているのです。

国民の意思を反映しないという自民党の主張は、滑稽です。これまで自治体における住民投票（産廃施設・ダム・原発などの建設や基地問題などを巡って、当該問題を抱える地方自治体住民にその意思を問う投票）について、日本は議会制民主主義（間接民主主義）が基本だからという理由で、住民投票で物事を決めることに否定的な態度を示してきたのはどこの政党だったのでしょうか。それは自民党でしょう〈＊3〉。

また、六七頁に書いたように、そもそも小選挙区制は民意を忠実に反映していません。自民党が国民の意思の反映の重要さを言うのであれば、衆議院の○増五減案のような小手先の「定数是正」ではなく、選挙制度は比例代表制一本にすべきではないでしょうか。

そして、これも六五頁で触れたように、この間、各地の高等裁判所で先の衆議院選挙の小選挙区部分の一票の格差問題について、違憲状態判決や違憲判決、無効判決が相次いでおり、大幅な是正・改革がないまま衆議院が改憲の発議を行う資格はないでしょう。

他の憲法規定との論理矛盾

日本国憲法では、法律案など議院の議事は議院における出席議員の過半数の賛成を必要とし（第五六条第二項）、通常は絶対多数決で物事を決めます。通常の民主主義においては、この方法が妥当でしょう。しかし、ことの重要性から慎重に決定しなければならない事項については、議院における出席議員の三分の二以上の特別多数の賛成を必要としています。具体的には、被選挙権の存在など議員としての地位を保持しうる要件を争う議員の資格争訟（第五五条）、公開が原則の会議を非公開にする秘密会の開催（第五七条第一項）、議員の除名

＊3　憲法改正に対する国民の意思は

ちなみに、二〇一三年四月から五月に行われた読売新聞・朝日新聞・毎日新聞・産経新聞・NHK・共同通信社の世論調査によると、憲法第九六条改正に関する賛否について、NHK以外の各社調査では改正反対派が賛成派を上回っています。憲法改正自体については、どの世論調査も改正賛成派の方が多いのですが、第九六条改正については法律の専門家ではない国民もそのいかがわしさを感じているのではないでしょうか。脱原発が多数派である「国民の意思」を無視する自民党ですが、突然、「国民の意思」を反映させるべきだと言い始めて、では一体、憲法第九六条に対する民意をどう評価するのでしょうか。

（第五八条第二項）、法律案の参議院否決後の衆議院での再議決（第五九条第二項）です。

さらに、憲法は憲法上最も慎重に行わなければならない憲法改正について、各議院の憲法改正の発議を議院における出席議員ではなく総議員とした上で、三分の二以上の特別多数の賛成を必要としているのです（第九六条第一項）〈＊4〉。

とすると、自民党の各議院の憲法改正発議要件を議院における総議員の過半数の賛成にするという第九六条の改正によって、おかしなことが起きます。すなわち、この憲法改正の発議が、以上見てきた出席議員の三分の二以上の特別多数を必要とする事項より、出席議員数によっては賛成のハードルが下がってしまうのです。例えば、憲法改正の発議より会議における秘密会の開催決定の方が難しいというのはどういうことでしょうか。自民党はこのような事態を憲法論としてどのように整合的に説明するのでしょうか。

「憲法の保障」という概念

憲法は元々国家権力を縛る法＝国家権力制限規範として登場したため、国家権力から憲法を守るために「憲法の保障」という概念があります。日本国憲法であれば、法律や行政行為などとの関係で憲法が最高規範であることを自らうたう「憲法の最高法規性の宣言」（第九八条第一項）、公権力を実際に行使する

＊4　憲法改正の限界

日本国憲法前文の第一段と第二段で、民主主義・平和主義・国民主権の考えを述べた後、これらを「人類普遍の原理」としていることや、第一一条と第九七条で基本的人権の永久不可侵性をうたっていることから、憲法改正には限界があると考える限界説が学界の通説になっています。そして、憲法の三大基本原理（国民主権、基本的人権の尊重、平和主義）と改正手続が憲法改正の限界内容だと考えられています。

これまで憲法学界で憲法改正の限界についての理論構築がある以上、自民党もなぜ改正手続を改正するのか、説得力のある憲法論が必要です。しかし、あるのは自分たちに有利なルール変更のための結論だけです。

公務員を縛るための「公務員の憲法尊重擁護義務」（第九九条）、国家権力の一極集中を防いで国家機関同士で牽制させる「三権分立」、憲法改正が法律改正より難しい「硬性憲法の技術」（第九六条第一項）、裁判所が法律や行政行為などを違憲無効と判断できる「違憲審査制」（第八一条）です。違憲審査制が憲法の最高法規性を担保しています。

実はこの違憲審査制は、一九世紀初頭にアメリカで確立されたもの（一八〇三年のマーベリー対マディスン事件のマーシャル判決）でしたが、ヨーロッパは国民の意思が直接反映した議会の方を信用したため、長らく導入しませんでした。しかし、この制度が第二次世界大戦後、「違憲審査制革命」と呼ばれるほど世界に広がります。その一つの要因は、ナチス・ドイツの経験です。すなわち、選挙で合法的に政権を取った後に、ユダヤ人虐殺や悲惨な戦争を行ったナチスの経験から、人類は「多数派は常に正しいわけではない」ということを学び、多数派の暴走を是正するために日本を含め多くの国が違憲審査制を導入したのです〈＊5〉。このように、現代国家は憲法を守るために「憲法の保障」を導入していますが、憲法改正草案はその一角を突き崩そうとしているのです。

本当の狙いは九条さらには全面改正

以上見てきたように、憲法改正草案の第九六条改正論は論理的に破綻してい

＊5　民主主義と立憲主義

日本など多くの国で、通常は民主主義的決定で物事を進めています。しかし、橋下徹大阪市長が主張するような、四九対五一でも負けた側は勝った側に白紙委任しなければならないという単純多数決主義的な考えがありますが、日本国憲法の立場は違憲審査制があるようにこのような立場には立ちません。憲法は民主主義的決定（多数派）の過ちには立憲主義の観点から是正するのです。

すなわち、立憲主義とは単に国家権力を縛るという意味だけではなく、国民の多数派の暴走を防ぐという側面もあるのです。多数決でも奪えない少数派の人権を保障する憲法の立場からも、憲法改正草案の第九六条論は到底認めることはできません。

ます。では、いまなぜそれでも第九六条改正をしつこく言ってきたのでしょうか。それは、自民党などの改憲派は戦後一貫して憲法第九条を変えたいと考えてきたわけですが、長らく国会では社会党や共産党などの護憲派や憲法改悪阻止派が一定の議席を確保することで、憲法改正の発議に必要な各議院での三分の二以上の議席を確保することができず、世論調査でも国民が第九条改正には否定的だったので、憲法改正ができませんでした。そういう意味で、第九六条の憲法改正のハードルを下げるというのは、これまで憲法改正を経験してこなかった国民にまず憲法改正を経験させ、慣れてもらう。そして、憲法改正が行いやすくなったところで、なかなかできなかった本命の第九条改正を行うというのが狙いでしょう。

もちろん、自民党は憲法改正草案のように憲法の全面改正案も示しているので、可能なら第九条以外も、そしてなるべく多くの条項を変えたいのです。憲法改正のハードルを下げてしまえば、次々と憲法改正が行われる可能性もあります〈＊6〉。

そういう意味で、安倍首相が第九六条改正先行論を言ってきたのは、本当の狙いを隠す意味で姑息といえるでしょう。世界を見渡しても、憲法改正手続だけを変える改憲論はあまりないでしょう。私たちはこのような姑息な改憲論にだまされてはいけません。

＊6　迅速な悪政決定も

また、橋下徹大阪市長の主張が典型的ですが、最近の政治論として「決定できる民主主義」論というものがあります。例えば、橋下市長主導で二〇一二年に策定した日本維新の会の「維新八策」にある憲法改正論には、第九六条の憲法改正要件の緩和と首相公選制、参議院の廃止もあります。まず第九六条を改正して憲法を改正しやすくした後で、憲法改正によって首相公選制の導入と参議院の廃止を行い、迅速に悪政を決定していきたいのでしょう。このように、迅速な悪政決定につながる「決定できる民主主義」の観点からも九六条改正論は有用であるので、要注意です。

第十一章　最高法規

第十一章　最高法規

〔削除〕

（憲法の最高法規性等）

第百一条　この憲法は、国の最高法規であって、その条規に反する法律、命令、詔勅及び国務に関するその他の行為の全部又は一部は、その効力を有しない。

2　日本国が締結した条約及び確立された国際法規は、これを誠実に遵守することを必要とする。

（憲法尊重擁護義務）

第百二条　**全て国民は、この憲法を尊重しなければならない。**

2　国会議員、国務大臣、裁判官その他の公務員は、この憲法を擁護する義務を負う。

第十章　最高法規

第九十七条　この憲法が日本国民に保障する基本的人権は、人類の多年にわたる自由獲得の努力の成果であつて、これらの権利は、過去幾多の試錬に堪へ、現在及び将来の国民に対し、侵すことのできない永久の権利として信託されたものである。

第九十八条　この憲法は、国の最高法規であつて、その条規に反する法律、命令、詔勅及び国務に関するその他の行為の全部又は一部は、その効力を有しない。

②　日本国が締結した条約及び確立された国際法規は、これを誠実に遵守することを必要とする。

第九十九条　天皇又は摂政及び国務大臣、国会議員、裁判官その他の公務員は、この憲法を尊重し擁護する義務を負ふ。

基本的人権の本質規定の削除

日本国憲法には第九七条に、「この憲法が日本国民に保障する基本的人権は、人類の多年にわたる自由獲得の努力の成果であつて、これらの権利は、過去幾多の試錬に堪へ、現在及び将来の国民に対し、侵すことのできない永久の権利として信託されたものである」という規定がありますが、憲法改正草案ではこれを全部削除してしまっています。これについて、自民党Q＆Aには特に説明がありませんが、どう考えたらよいのでしょうか。

日本国憲法の第九七条の前半部分は、基本的人権が「人類の多年にわたる自由獲得の努力」や「過去幾多の試練」、すなわち、具体的には主に一八世紀の市民革命や二〇世紀の労働運動・社会主義運動の成果として自由権や社会権が獲得されたことを確認している部分です。自民党はこのような世界の人々のまさに「権利のための闘争」によって獲得された人権の歴史性を否定し〈＊1〉、権利・自由は権力者が恩恵的に国民に与えるものと考えているようにも見えます（明治憲法はまさにそのような考えでした）。

そして、第九七条の後半部分は、日本国憲法第一一条の規定を再確認した部分ですが、四七頁以下で見たように、憲法改正草案では人権の永久不可侵性を弱め、将来の国民には現在の国民と同じ人権が保障されない可能性を示してい

＊1　天賦人権説について考える

自民党のQ＆Aが、「西欧の天賦人権説に基づいて規定されていると思われるもの」は「改める必要がある」と述べることから、自民党の改憲案を批判する人たちの中には天賦人権説の否定は許されないと主張する人もいます。

しかし、「天賦」は「天から賦与された」「生まれつき」という意味です。天賦人権説は「人は生まれながら自由かつ平等である」と言いますが、それは市民革命を正当化するためのイデオロギーにすぎないと私は考えます。「人は生まれながら自由かつ平等ではない」けれど、「自由かつ平等が望ましい」から現実の「権利のための闘争」で勝利して、自由と平等を手に入れたのではないでしょうか。

このような人権の歴史から考

ます。このことから、自民党は第九七条をばっさりと切り捨てることで、人権の歴史性を否定し、永久不可侵性を弱めたいのだと推測できます。

国民に憲法尊重義務

日本国憲法第九九条は、「天皇又は摂政及び国務大臣、国会議員、裁判官その他の公務員」の憲法尊重擁護義務を規定しています。これは一二九頁以下で説明した「憲法保障」の一つであり、公権力を実際に行使する公務員を縛ることで憲法を守ろうとしているのです。

これに対して、憲法改正草案では第一〇二条第二項の公務員の憲法擁護義務から天皇と摂政を外しました。憲法改正草案で、日本国は元首である天皇を「戴く国家」（憲法第一条及び前文）と位置づけることから、天皇とさらに摂政から憲法擁護義務を外したのでしょうが、国家権力の側の人物に憲法の縛りをかけないという発想は立憲主義とは相容れません。

また、第一項には「全て国民は、この憲法を尊重しなければならない」という規定を新たに置いています。なんと国民に憲法尊重義務を課すのです。このことについて自民党Q＆Aでは、「憲法も法であり、遵守するのは余りに当然のこと」と説明しますが、憲法学界ではこのような考えは「余りに当然ではない」ので、論理的な説明もなくこのように言い切るこの暴論にはあきれるばかりか、日本人は市民革命を経験していないからこそ、日常的に表現活動や労働運動などを通じて「権利のための闘争」を実践する必要があると思います。

＊2「国民は憲法に縛られない」!?

憲法は国家権力制限規範のため、基本的に国民は憲法に直接縛られません。では、国民は憲法が保障する他の国民の人権を侵害していいのでしょうか。

これについては、憲法は民法などの私法（私人間の関係を定める法）を媒介することで、間接的に私人間に適用され、私人間における憲法上の人権侵害も許されないと考えるのが学界の通説・裁判所の判例の立場です。例えば、私人である会社社長が私人である従業員を差別した場合、その行為は民法第九〇条の「公の秩序」に反する無効な行りです。憲法は国民が国家を縛るために作ったものですから、国民には憲法尊重擁護義務がないのです〈＊2〉。これでは国家と国民との関係を一八〇度変えてしまうことになってしまい、この発想も立憲主義とは相容れません。

憲法改正草案がそのまま成立したのなら、国民は天皇が元首で、国防軍があり、人権を制限した憲法を守る義務が生じてしまうのです。立憲主義に反するこのような改憲案を絶対に成立させてはいけません。

為であり、民法第七〇九条の損害賠償責任が生じる「他人の権利」の侵害行為と考えるのです。すなわち、この「公の秩序」の中に「憲法」を、「他人の権利」の中に「憲法が保障する人権」を読み込むのです。

したがって、間接的に国民は憲法に縛られ、他の国民の人権侵害を行ってはいけませんが、直接「国民は憲法に縛られない」のであって、国民は憲法からも自由な立場で憲法についての議論を行うことができるのです。

あとがき

今年七月二一日に行われた第二三回参議院選挙は自民党が大勝しました。この結果に気をよくした安倍政権の下で、今後は改憲に向けたいろいろな動きが出てくるでしょう。

とはいえ、二〇一〇年の参議院選挙より投票率が下がり、自民党が民主党に大敗した二〇〇九年の衆議院選挙より、自民党は得票数を減らしています（比例代表部分）。自民党が熱狂的な支持を受けたわけではないのです。日本は市民革命を経験していない国ですし、戦後長らく財界の利益を代弁する自民党が政権を握るような国ですから、今回の選挙結果自体にさほど驚く必要はないでしょう。

この安倍政権を見ていると、政策の点で一九八〇年代の中曽根政権に似ているところもあります。中曽根政権は、新保守主義・新自由主義を基調とし、「戦後政治の総決算」を掲げ、靖国神社への首相の公式参拝や安全保障会議の設置、防衛費の対ＧＮＰ比一％枠の撤廃を実現しました。これに対して、安倍首相には中曽根首相ほどの理論や思想が感じられませんが、安倍政権も新保守主義・新自由主義を基調とし、「戦後レジームからの脱却」を掲げ、中曽根政権ができなかった教育基本法を改正し、国家安全保障会議の設置や秘密保全法の制定、さらに改憲を狙っています。

しかし、この中曽根政権は実行しようとした悪政を全部実現できたわけではありません。一九八六年の衆参同日選挙で自民党が衆議院で三〇〇議席を獲得しながら、国民の広範な運動の力で中曽根首相は靖国神社への公式参拝を一回で断念し、国家秘密法の制定や教育基本法の改正、改憲はできませんでした。最近でも、野田政権は電力に占める原発の依存率を二〇三〇年に一五％程度にしようとしていたのに、粘り強い首相官邸前行動や世論の声を受けて、二〇三〇年代の脱原発依存を言わざるをえませんでした。

以上のことから言えることは、政治は国会内の力関係だけで決まるものではないということです。国会外の運動如何によっては、国会内の数の力による悪政、さらには改憲も食い止めることができます。この間の選挙結果だけで悲観する必要はありません。

本書では自民党の憲法改正草案の問題点を逐条的に指摘してきましたが、全体を見渡すと国民の義務規定が大幅に増えたこともわかります。

日本国憲法における国民の義務は、教育を受けさせる義務（第二六条第二項）、勤労の義務（第二七条第一項）、納税の義務（第三〇条）だけです。それが憲法改正草案では、国防義務（前文第三段）、国旗・国歌尊重義務（第三条第二項）、領土等の保全義務（第九条の三）、公益及び公の秩序服従義務（第一二条）、個人情報不当取得等の禁止義務（第一九条の二）、家族相互扶助義務（第二四条第一項）、環境保全義務（第二五条の二）、地方自治体の負担分担義務（第九二条第二項）、緊急事態時の指示服従義務（第九九条第三項）、憲法尊重義務（第一〇二条第一項）が新たに加わりました。これでは国家権力制限規範から国民制限規範の憲法になってしまいます。
このような問題点を丹念に伝えていけば、多くの国民もその危険性に気がつくでしょう。そういう意味で、ぜひ、本書を活用していただければと思います。

本書の出版は、都内での私の講演を聞きに来られた、高文研編集部の真鍋かおるさんからのご提案で実現しました。本書のメインタイトルも表紙カバーの浜田知明さんの絵も、真鍋さんの強い希望で決まったものです。真鍋さん自体は戦争体験者ではありませんが、出版界も抵抗しきれずに戦争に突入した戦前の過ちを繰り返さないためにという強い思いがあるのでしょう。メインタイトルは、浜田さんの絵のタイトルに引っかけて、「戦争のボタン」としていますが、私たちは権力者の言いなりになってはいけないということです。この場を借りて、真鍋さんと浜田さんにお礼を申し上げます。

二〇一三年七月二二日　第二三回参議院選挙から一夜明けて

清水雅彦

清水 雅彦（しみず・まさひこ）
1966年兵庫県生まれ。明治大学大学院法学研究科博士後期課程、明治大学等非常勤講師、札幌学院大学法学部教授を経て、2011年4月より日本体育大学体育学部准教授。専門は憲法学。主たる研究テーマは平和主義・監視社会論。
著書：『治安政策としての「安全・安心まちづくり」』（単著、社会評論社、2007年）、『クローズアップ憲法』（共著、法律文化社、2008年）、『平和と憲法の現在』（共編著、西田書店、2009年）、『平和への権利を世界に』（共著、かもがわ出版、2011年）、『アイヌモシリと平和』（共著、法律文化社、2012年）、『憲法から考える実名犯罪報道』（共著、現代人文社、2013年）など。

憲法を変えて「戦争のボタン」を押しますか？

●2013年 8月 31日―――――― 第1刷発行

著　者／清水 雅彦
発行所／株式会社 **高 文 研**
東京都千代田区猿楽町２－１－８　〒101-0064
TEL 03-3295-3415　振替 00160-6-18956
http://www.koubunken.co.jp
印刷・製本／三省堂印刷株式会社

ISBN978-4-87498-525-0　C0031